中国有色金属工业协会专家委员会组织编写

有色金属系列丛书

中国锑业

北京
冶金工业出版社
2014

内 容 提 要

本书共分为十三篇，介绍了锑的发现发展史及其性质与用途，资源现状与分布，采选技术与装备，冶炼及加工技术与装备，锑业技术进步、创新与新材料，锑品产能、产量及消费量，资本运营及相关财税政策，锑行业安全、环保与清洁生产，资源综合利用及循环经济，锑行业标准及配额管理，锑行业相关政策法规和中国十大生产商、世界十大生产商及消费国等内容。

本书简明扼要，浅显易懂，适合于从事锑冶金及相关专业的人员阅读。

图书在版编目(CIP)数据

中国锑业/中国有色金属工业协会主编．—北京：冶金工业出版社，2014.12

（有色金属系列丛书）

ISBN 978-7-5024-6815-6

Ⅰ.①中…　Ⅱ.①中…　Ⅲ.①锑—有色金属冶金—冶金工业—中国　Ⅳ.①F426.32

中国版本图书馆 CIP 数据核字（2014）第 276579 号

出 版 人　谭学余
地　　址　北京市东城区嵩祝院北巷 39 号　邮编　100009　电话　(010)64027926
网　　址　www.cnmip.com.cn　电子信箱　yjcbs@cnmip.com.cn
责任编辑　张熙莹　美术编辑　彭子赫　版式设计　孙跃红
责任校对　李　娜　责任印制　李玉山
ISBN 978-7-5024-6815-6
冶金工业出版社出版发行；各地新华书店经销；三河市双峰印刷装订有限公司印刷
2014 年 12 月第 1 版，2014 年 12 月第 1 次印刷
148mm×210mm；6.375 印张；124 千字；179 页
29.00 元

冶金工业出版社　投稿电话　(010)64027932　投稿信箱　tougao@cnmip.com.cn
冶金工业出版社营销中心　电话　(010)64044283　传真　(010)64027893
冶金书店　地址　北京市东四西大街 46 号(100010)　电话　(010)65289081(兼传真)
冶金工业出版社天猫旗舰店　yjgy.tmall.com

《中国锑业》编辑委员会

序

为适应有色金属工业发展的需要，普及和提高有色金属知识，提升全国有色金属战线广大干部职工的思想业务素质，促进我国从有色金属生产大国向有色金属工业强国的转变，中国有色金属工业协会组织编写了《中国铜业》等《有色金属系列丛书》（共 21 本）。《丛书》集中了全行业的智慧和力量，汇集了当今中国乃至世界有色金属领域的最新知识和信息，深入浅出，通俗易懂，融知识性、实用性为一体，是社会各界学习和提高有色金属知识的好教材和实用工具书。

有色金属是经济社会发展必不可少的基础材料和重要战略物资。有色金属作为功能材料和结构材料而广泛应用于人类生活的各个领域，成为当今高新技术发展和国防军工的重要支撑。有色金属的生产和消费水平已经成为衡量一个国家社会进步的重要标志。

中国是生产有色金属品种最全的国家，门捷列夫化学元素周期表中的64种元素的有色金属都能生产。中国是世界生产和消费有色金属最多的国家，到2011年十种有色金属产量已达3438万吨（快报数），连续10年位居世界第一，年消费有色金属已达3580万吨以上，连续9年位居世界第一。目前全国已有有色金属企业、事业单位3万多家，就业人员360多万。

有色金属涵盖的金属品种多。在元素周期表中，除了黑色金属铁、锰、铬，锕系和超锕系放射性金属元素外，余下64种都为有色金属元素。有色金属成矿条件复杂，矿床类型多样，矿体形态变化大，元素组合多样，勘探难度大，而且需要综合勘探、综合评价。有色金属结构复杂，多种矿物相嵌共伴生关系密切，选矿和冶炼的技术、装备复杂，工艺流程长。有色金属应用领域广，用途千差万别，材料的研制和加工复杂。有色金属元素在原矿中含量低，富集比都在几十、几百、几千甚至几万以上，导致在采矿、选矿和冶炼过程中固体废物多，节能环保压力大，工艺技术复杂。综合上述不难看出，有色金属产业是固体矿产资源开发利用领域最复杂的产业，有色金属知识领域宽广、博大精深。

建设现代化的有色金属工业强国是全行业360多万职工为之奋斗的目标。我相信，《丛书》的出版发行，对增进全社会对有色金属工业的了解，推动全行业广大干部职工学习和掌握有色金属知识必将发挥积极重要的作用。让我们行动起来，为促进我国有色金属工业的持续、稳定发展，为实现有色金属工业发展的既定目标而奋勇前进。

中国有色金属工业协会会长 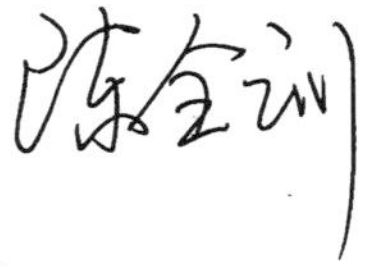

2012年8月于北京

前　言

锑是十大有色金属之一，地壳中锑的平均丰度约0.2g/t，属于较稀少的金属。英文“antimony”源于希腊，意思是“很少单独出现的金属”。

锑是国民经济和国防建设事业中不可缺少的基础金属材料之一，1991年开始锑被我国列为保护性开采特定矿种。在发达国家锑被列为战略物资，2010年6月欧盟委员会发布分析报告，将锑列入14种矿产原料供应紧缺名单之首；美国、日本均有战略储备且严重依赖进口。

锑主要用于塑料、橡胶、涂料阻燃协效剂。锑用途极广，除在电子、电器、交通运输、石油、化工、设备制造、建筑行业大量应用外，还应用于航空航天、医药、军事等领域，具有广阔的发展前景。

据统计，2011年世界锑储量为183.1万吨，主要锑资源国为中国、俄罗斯、玻利维亚、南非、塔吉克斯坦、美国等国家，其中，中国锑储量占世界锑储量的51%。虽然锑储量有增长趋势，但储量的增速低于矿山开发消耗的增速，静态保证年限呈现逐渐降低趋势，2001~2008年，我国锑矿资源静态保证年限明显缩短，从15年降至9年，世界锑矿资源静态保证年限从17年降至10年。由此可见，全球锑矿资源储量总体增长，但静态保障年限下降，资源的保护性开采工作仍需不断加强；从动态角度来看，全球范围内的锑矿资源并不会很快枯竭，特别是中国。

据《World Metal Statistics》资料，2007年中国锑矿锑产量为16.3万吨，占当年世界总产量的87.7%；其他五个锑矿生产大国依次是俄罗斯、玻利维亚、塔吉克斯坦、南非和危地马拉，上述六个国家锑产量合计占世界总产量的98.5%。

近年来，世界锑金属的消费量每年为12万~18万吨，阻燃剂仍然是锑的主要应用领域，约占世界锑总消耗的70%、三氧化二锑消耗总量的90%。中国、美国、欧盟和日本是世界四大阻燃剂消费市场，中国已成为世界第一大锑消费国，2011年约消费锑7.5万吨。随着汽车工业的发展，我国阻燃剂用锑大幅增长，伴随着我国聚酯工业的发展，锑系列催化剂的需求也将增加。

新中国成立以来，中国锑工业快速发展，技术进步非常明显。目前，世界各种生产锑白工艺和方法均已在中国实现产业化，拥有自主知识产权的富氧鼓风炉挥发熔炼工艺、精炼除铅砷工艺、高压离液顶吹法锑白生产工艺和锑白后处理工艺得到产业化应用。与此同时，锑的熔池熔炼工艺的研究开发，标志新一轮炼锑技术创新正在兴起。但是也有很多矛盾，在宏观管理层面，锑矿山的无序开采，乱采乱挖，锑品走私，市场的无序竞争等问题仍未解决；美国、西欧多次对我国锑低价进入国际市场进行反倾销指控；有的外国公司利用我国锑资源优势结合他们的市场进入中国办厂；锑行业装备技术水平低，“三废”污染严重，能源消耗高，清洁生产水平低，产品结构不合理、档次低。

综上所述，目前中国已成为世界锑的资源大国、生产大国、出口大国和消费大国。但中国要将锑资源优势转化为经济优势，还需从规范行业管理、加大锑深加工产品的技术研发与应用研究和清洁生产工艺研究入手。

中国有色金属工业协会为向全社会普及和宣传有色金属科学知识，决定组织编撰有色金属系列丛书，其中《中国锑业》安排锡矿山闪星锑业有限责任公司牵头编写。

本书对锑的发现发展史，锑及其化合物的性质、用途，锑资源形成与分布，锑的勘查与采选冶技术及装备，技术进步与新材料，产量与产能，资本运营，安全、环保、清洁生产，综合利用、资源再生、循环经济，行业标准、配额，主要政策法规，锑行业主要生产商和主要消费国家以及地区等方面做了简述。

本书作者都是锑业界的专家、学者，他们将自己的实践经验和理论知识有机地融合于书中，使本书具有较强的实用性、知识性和专业性。

由于时间仓促，缺乏经验，不妥之处敬请广大读者批评指正。

编　者

2014年10月

目 录

第一篇

发现发展史

第一章　中国锑的发现

中国锑的发现和锑业的发展始于湖南锡矿山，至今已有115 年的开采历史。锡矿山的发现相传始于明末，当时误以为锡，就以锡名山。据史料记载和民间传说，道光二十六年（1846 年）一度开采，后以所炼非锡，遂致中止。

清光绪二十三年（1897 年），湖南巡抚陈宝箴以新化人邹源帆为湖南矿务局提调。邹与其亲戚晏咏鹿谈矿政知有锡矿山。晏邀请刘履斋同往古树合抱、灌木丛生、人烟稀少的锡矿山探察，在榛莽洞拾取前人丢弃的炼渣 30 斤运至长沙检验，方知这种矿叫安得莫尼，即锑。是年，晏咏鹿、刘履斋在锡矿山合办了第一家私营锑厂——积善锑厂，翻开了中国锑业发展史的第一页。至此，锡矿山结束了以锑为锡，进入了“锡”山产锑的时代。

第二章　中国锑业发展的初始阶段

随着采矿公司如雨后春笋般增加，到 1908 年，锡矿山产锑已占全世界产量之半，被冠以“世界锑都”的美称。此时，华昌公司于长沙成立，并以七万银两获准法国人赫尔士莱德的炼锑制氧提纯专利。之后，华昌公司在锡矿山成立了新华昌公司。中国锑矿自开采以来，先后有德、法、美等西方国家的洋行在锡矿山设炉建厂，他们带来了先进的冶炼技术，也掠夺了矿产资源。1914 年，第一次世界大战爆发，锑价猛涨，锡矿山进入鼎盛时期，采矿公司达 130 余家，炼厂 30 余家，全山人口 16 万之众。1915 年，北京政府邀请美国地质学家丁格兰来山进行地质矿产勘察，首次估算锡矿山锑矿储量为 150 万吨。1937 年 1 月 1 日，国民政府宣布实行锑品专营，并成立了湖南锑业管理处驻山办事处。1946 年 9 月，应资源委员会邀请，美国杜贝尔顾问工程师公司的杜贝尔、冶炼专家鲍曼、选矿专家赫克德来锡矿山考察。1947 年，国民政府成立了锡矿山工程处，开始政府开采锑矿。

1949 年 10 月 6 日，“世界锑都”锡矿山迎来解放，标志着中国锑业从此步入新时代。1950 年 3 月 19 日，军管锡矿山工程处改组为锡矿山矿务局。同年 5 月 27 日，刘少奇就锡矿山收回国有作出专门指示并送中央政治局其他领导圈阅：“毛、朱、周、陈、薄、李立三、何长工、陈郁：根据土地法大矿山为国家所有，应即宣布锡矿山矿区土地所有权（除耕地外）为国家所有，由中央人民政府重工业部及中南军政委员会与湖南省政府派人，组织锡矿山锑矿公司去管理，由公司定出开采规则，私采矿者仍允许继续开采，但必须严格遵守公司所定规则，否则应予处分。过去矿区所有主的主权即予废除。以上请陈、薄经政务院决定，令中央重工业部、中南军政委员会与湖南省政府办理。刘少奇　五月廿七日”。根据刘少奇的指示，锡矿山统一了矿权，中国锑业建设从此步入发展快车道。

第三章　中国锑业开发与发展现状

锑资源的广泛发现与开发，使中国成为世界最大的锑生产国。据《World Metal Statistics》资料，2007 年中国锑矿产量为 16.3 万吨，占当年世界总产量的 87.7%。中国锑精矿产量从 1978 年 0.66 万吨上升到 2007 年的 16.3 万吨，增长了 23.7 倍，年均增长 11.7%。全国锑产量分布中，湖南占 65%，广西占 14%，云南占 11%，贵州占 3%，江西占 2%，广东占 1%，其他仅占 4%。

丰富的锑资源，同时为国有与民营企业快速发展创造了条件。据史料记载，1995 年 8 月，经中国有色金属工业总公司批准、由锡矿山矿务局牵头成立了全国锑品生产企业联合体。在广西北海成立之日，就有来自广西、广东、江西、湖北、云南、河南、甘肃、贵州、湖南 9 省（区）的 51 家锑品生产企业的代表参会。锑联体的锑品产量超过了全国总产量的 80%。

截止到 2011 年，中国国有和民营锑企业已达 91 家，其中闪星锑业、辰州矿业、华锡集团、云南木利和锡矿山地区的民营企业对中国乃至世界的锑市场起着举足轻重的作用。

第二篇

锑及其化合物的性质与用途

第一章　锑的性质及用途

第一节　物 理 性 质

锑在元素周期表中的原子序数为51，相对原子质量为121.75，有四种同素异形体，即灰锑、黑锑、黄锑和爆锑，后三种不稳定，在工业上无用途。

常见的金属锑是灰锑，外表呈银白色，性脆、易碎、无延展性，是电和热的不良导体。锑的密度为6.69g/cm^3，熔点为630.5℃，沸点为1635℃。锑极易挥发，其挥发性随温度升高而增强。

第二节　化 学 性 质

锑的化学性质稳定，不溶于水，空气中不氧化，加热熔化后极易放出三氧化二锑白烟。

锑与浓盐酸及热浓硫酸反应如下：

$$2Sb + 6HCl(浓) = 2SbCl_3 + 3H_2\uparrow$$

$$2Sb + 3H_2SO_4(热浓) = Sb_2(SO_4)_3 + 3H_2\uparrow$$

浓硝酸使锑氧化成 Sb_2O_3 或 Sb_2O_5 附着于锑的表面而阻止其继续氧化。锑易与硫化合生成黑色的 Sb_2S_3，俗称生锑。铜、铁、锌、镍等可置换 Sb_2S_3 中的 Sb。

锑与氯等卤素直接化合，生成卤化锑并放出大量热。

第三节　锑的用途

锑广泛用于塑料、橡胶、涂料阻燃、聚酯催化剂、蓄电池、轴承合金、荧光粉、电子陶瓷、医药、军事等领域。目前用途最广、涉及行业最多和用量最大的锑品是三氧化二锑，它主要用作阻燃协效剂，广泛用于塑料、橡胶阻燃。另外，由于锑性脆且硬，极少单独使用，常作为金属或合金的硬化剂，能给予金属或合金特殊性质。含锑 3.5% ~12% 的锡基耐磨合金耐磨性好，广泛用作内燃机轴承；铅锑合金有好的导电性和抗电化腐蚀能力而用作蓄电池；铅锑合金硬度高、收缩小而应用于印刷行业，电缆包皮中加入锑可提高其抗疲劳强度。

总之，金属锑广泛应用于铅酸电池、耐磨合金轴承、硬铅铸件、电缆包皮及各种型材、搪瓷釉料、枪弹、烟花、焊料；以锑代锡制成的锑青铜性能好，可用作齿轮、发动机等的轴衬；锑在半导体中用作晶体生长的掺杂剂和埋层扩散的杂质源。

第二章　锑化合物的性质及用途

工业上常见的锑化合物是锑的硫化物、氧化物、卤化物、锑酸盐及锑的有机化合物，主要有三氧化二锑、乙二醇锑、胶体五氧化二锑、锑酸钠、醋酸锑、三硫化二锑、五硫化二锑、硫代锑酸钠、三氯化锑、五氯化锑、氯氧化锑、硫醇锑、硫醇锑盐、羧酸锑、三苯基锑、二溴三苯基锑、二（2,4,6-三溴苯氧基）三苯基锑、酒石酸锑钾等。它们的性质和用途分述于下。

第一节　三氧化二锑

一、性质

三氧化二锑（Sb_2O_3，又名锑白、锑华、氧化亚锑、亚锑酸酐）常温下为白色结晶粉末，受热时变黄，冷却后又变为白色。它有两种结晶形态，一是立方晶型，另一种是斜方晶型，在自然界中分别以方锑矿及锑华形态存在。立方三氧化二锑密度为5.2g/cm^3，受热至550～577℃即转变为斜方晶体。斜方三氧化二锑的密度为5.67/cm^3，熔点为656℃，沸点为1425℃。

三氧化二锑是两性氧化物，其碱性比三氧化二砷强。其不溶于水，难溶于醇，也不溶于稀硫酸或稀硝酸；能溶于浓盐酸、浓硫酸、浓硝酸、浓氢氧化钠溶液、硫化钠溶液及酒石酸溶液。细粒级的三氧化二锑易溶于酸碱、硫化钠溶液及酒石酸溶液，遇硫化氢即生成橙色的三硫化二锑。三氧化二锑被吸入人体后会刺激呼吸器官，并对眼、鼻、喉有刺激作用，与皮肤接触可引起皮炎。

二、用途

三氧化二锑广泛用于塑料、橡胶、涂料、防火织物阻燃、聚酯、搪瓷、颜料、油漆、玻璃、陶瓷、造纸、药物等制造行业。

（一）阻燃剂

锑白是许多塑料、橡胶、涂料、防火织物的理想阻燃剂成分，例如聚氯乙烯（PVC）、聚丙烯、聚酯、环氧树脂以及其他共聚物等，这不仅因为锑白具有助阻燃功能，还由于它能赋予塑料以耐热性，并使其对光和空气具有较高稳定性。它与含卤素阻燃剂，如氯化石蜡、多氯联苯、六溴联苯、六溴苯、卤代磷酸酯等配合作用，具有显著的阻燃协同效应。在阻燃剂配料中，它既能作为一种活性单体，变成聚合物的一部分，又能作为一种廉价而又通用的非活性白色添加剂。三氧化二锑配入磷系、氯系和溴系等阻燃剂作为增效剂，已应用于剧场、画馆、建筑壁纸、地毯、家用设备涂料、电子设备外壳、飞机和汽车等内装饰材料及各种化纤产品。预期应用领域将会进一步扩大。

（二）聚酯催化剂

锑白目前也是聚酯缩聚反应常用的催化剂之一，在国内有一定市场。

（三）搪瓷

纯净的三氧化二锑不仅是搪瓷的遮盖剂，也是优良的乳着剂，可以确保搪瓷制品获得良好的表面覆盖及表面光泽。其用量大致是搪瓷料总量的7%～15%。

（四）颜料和油漆

三氧化二锑是优良的白色颜料，其遮盖力略次于钛白，而与锌钡白相近。锑白粒度细、吸油率低（100g颜料约吸油11～13g）、耐光、耐热、稳定性好，这些都是颜料、油漆所必备的优良性能。由于锑白呈微酸性，与脂肪酸不发生反应，故在高酸值油漆中不会皂化，适于制造各种喷漆及油墨。使用锑白时须与氧化锌配合，以提早干结期并保证油膜坚韧。锑白的结晶组织能加强漆膜结构，粉化性小、密着性强，产出的油漆耐光、耐热、稳定性好，耐候性优于锌钡白，又耐高温。其缺点是密度较大，单独使用时干燥缓慢，漆膜柔软。用锑白制造的防火漆，广泛用于制造船舶、绝缘电缆、桥梁、烟囱、锅炉等。

（五）玻璃和陶瓷

作为玻璃中青-绿色素的氧化亚铁，影响产品的色泽及透明度，需用氧化锑澄清。在玻璃生产过程中配入的锑白，因其密度较大而沉于坩埚中的玻璃熔体底部，在升温过程中，锑白的蒸气压高，则形成气泡上升，在1400℃高温下，锑白在上升中吸收的氧逸出，使氧化亚铁转化成三氧化铁，杂色消失，玻璃得到澄清。可见，锑白在玻璃生产中，既是澄清剂，又是脱色剂。用锑白或硫化锑作原料，还可生产锑红玻璃，色泽鲜艳，透明清亮，可用于铁路指示灯以及工艺美术玻璃。用锑白配制淡黄、金黄等黄色颜料，在陶瓷器皿上绘制装饰图案，在1250～1260℃下高温煅烧，可使陶瓷显有多种鲜亮并十分稳定的黄色图案，为制品增辉。

（六）其他用途

除以上重要用途外，氧化锑还有一系列其他功用，如在橡胶工业中与硫化锑配合作填充剂；在钛白生产中作沉淀剂；在汽油中加入少量氧化锑可使其完全燃烧，减少对空气的污染；在有机合成工业中，可作为丙烯与氨氧化聚合的催化剂等。

第二节　乙二醇锑

一、性质

乙二醇锑（$Sb_2(C_2H_4O_2)_3$）为白色粉状晶体，空气中易吸潮，易溶于乙二醇，不溶于酒精。在水中易水解。

二、用途

乙二醇锑主要用于PET聚酯生产中缩聚过程的催化剂。目前PET生产中可用催化剂有乙二醇锑、锑白、醋酸锑，乙二醇锑因其与PET生产原料有良好的互溶性，在催化剂市场应用量越来越大，虽是三种催化剂中的后起之秀，但其市场占有量后来居上，遥遥领先于锑白和醋酸锑。

第三节 胶体五氧化二锑

一、性质

胶体五氧化二锑（又名锑酸酐）是大约相当于 $Sb_2O_5 \cdot 3.5H_2O$ 的五氧化二锑水合物，这种水合物加热至700℃时脱水变成白色粉末。它不溶于硝酸，仅稍溶于水，可溶于氢氧化钾溶液。

胶体五氧化二锑具有高超微粒子、高度分散的特点，胶体粒子具有极大的表面积和化学活性，对织物有较强的渗透性和黏附力。且与卤素阻燃剂有很好的协同效应，因此在化纤织物的阻燃处理中具有独特的阻燃效果。

二、用途

胶体五氧化二锑是一种新型的阻燃剂，主要用于化纤、纺织、纸张、塑料、橡胶制品的阻燃处理，也可在颜料、油漆中使用以取代其中的一些色料，达到阻燃效果。

胶体五氧化二锑的粒度一般为0.015～0.04μm，此粒度使其更适于在纤维、薄膜和透明的阻燃制品中应用，例如，在阻燃纤维的生产中，能避免堵塞喷丝孔和降低纺织强度的现象，分散均匀，不会影响纤维、织物的色泽，对织物渗透性大、黏着力高，因而耐洗耐用，阻燃性持久。此外由于胶体五氧化二锑的溶胶粒子具有极大的表面积、活性大，因此在阻燃效果相同时其添加量大大小于一般氧化锑，一般仅为三氧化二锑的40% ~50%，并可减少含卤素阻燃剂配方的用量而使成本降低，且较三氧化二锑发烟量少，产生的气体毒性小。

胶体五氧化二锑与水、甲醇、乙二醇、乙酸、二甲基甲酰胺等许多有机溶剂相溶性好，因此比三氧化二锑更容易与卤素阻燃剂均匀混合成各种高效复合阻燃剂。

第四节 锑 酸 钠

一、性质

锑酸钠（$NaSbO_3 \cdot 3H_2O$，又名焦锑酸钠）为白色粉末，根据生产情况的不同有粒状结晶和等轴结晶。经 X 射线、电导、热重量分析以及红外光谱分析研究证明，它实质上是六氢氧化锑钠，其中的锑为五价，实际结构式是$Na[Sb(OH)_6]$。能溶于酒石酸、浓硫酸；微溶于水、醇、铵盐及浓无机酸；不溶于醋酸、稀碱及稀无机酸。在水中发生水解生成胶体。耐高温，加热到1000℃左右无分解现象。

二、用途

锑酸钠可用作彩色电视机显像管玻壳及高档玻璃的澄清剂，铸铁用漆的不透明填料，铁皮、钢板抗酸漆的组分，耐酸搪玻璃的组分，纺织阻燃剂，搪瓷的乳白剂等。在搪瓷生产中，可用作遮盖剂及耐酸性的搪瓷配料；在化学分析上用于鉴定钠离子。

第五节 醋 酸 锑

一、性质

醋酸锑（$Sb(CH_3COO)_3$，又名乙酸锑）为白色晶体，不溶于水和苯等一般有机溶剂，而溶于乙二醇，加热可溶于二甲苯。在空气中有吸水性，易水解。

二、用途

醋酸锑主要用作化纤工业聚酯合成的催化剂，是聚酯（PET）生产中可用缩聚催化剂。

第六节 三硫化二锑

一、性质

三硫化锑（Sb_2S_3，又名硫化锑、生锑、硫化亚锑）有结晶型及无定形两种形态。前者以辉锑矿形态普遍存在于各种锑矿床中，结晶形态属斜方晶系，色青灰，有金属光泽；后者可用化学方法制取。熔化后的三硫化锑，如果熔融时间短，且缓慢冷却时，多半获得黑色结晶体，反之则为无定形红色粉末。无定形三硫化锑视其粒度大小、制造方法和生成条件的不同而有灰、黑、红、黄、橙、紫等不同颜色。

结晶形态的三硫化锑的密度为4.64g/cm^3，熔点550℃，沸点为1080~1090℃。

三硫化锑不溶于水，溶于浓盐酸、浓烧碱、三氯化铁溶液、硫化铵、硫化钠溶液。受热易分解，加热到600℃即开始分解；易被氧化；能被碳、一氧化碳、氢气及金属还原为金属锑。

二、用途

三硫化锑或纯净的辉锑矿主要用于安全火柴、弹药、鞭炮和橡胶工业，也用于制造有色玻璃、颜料和涂料，还可用于冶炼精制、防火纤维和防水纸及各种锑盐的制备。

三硫化锑在火柴制造上用于磷面及药头。在磷面上的作用是作还原剂和填充剂，可显著提高磷面的助燃性能，火柴在呈平直干燥的三硫化锑结晶体上摩擦即着火，尤其在擦湿火柴时更见效。

在磷面配方中，三硫化锑配量与红磷相当，常占30%~40%或更多一些。火柴药头过去全用硫黄，现在也可采用松香或三硫化锑。

用于火柴生产的三硫化锑的规格有如下要求：黑色结晶粉末，具有金属光泽，含锑量不小于70%，细度完全通过120目。如混有氧化锑、金属锑粉或有过量游离硫的硫化锑，以及锑盐经沉淀法制成的无定形粉末状三硫化锑，均不能用于火柴生产。因为氧化锑及锑粉均无还原作用，过量的游离硫易氧化而使火柴磷面酸化，造成动物胶变质，影响刷磷工艺。锑盐沉淀的硫化锑无结晶结构，因而也不能使用。

用三硫化锑制造烟幕弹是早为人们熟知的军事用途。烟幕弹燃烧时放出的气体和固体的热生成物形成烟幕。在枪炮及各种弹药中常靠三硫化锑具有较大硬度以提高其击发的灵敏度。各种弹药的底火帽常需配三硫化锑25% ~37.5%。用三硫化锑制造鞭炮和烟火，其作用与烟幕弹相同。

橡胶生产中常需用含硫7%的特制硫化锑，既作为硫化剂，又是红色颜料。

华南理工大学2009年研究表明：三硫化二锑已可应用于半金属盘式刹车片中，开辟了硫化锑应用新领域。在刹车片配方中加入一定量的硫化锑，刹车片在使用过程中摩擦系数随温度、载荷和速度变化较小，磨损也较小，可极大改善刹车片性能，延长使用寿命。在汽车等机动车工业飞速发展的中国，硫化锑的市场将越来越大。

第七节 五硫化二锑

一、性质

五硫化二锑（Sb_2S_5，又名金黄锑）为黄色无定形粉末，密度为4.12 ~4.2g/cm^3。在空气中易自燃，加热至85 ~90℃即开始分解，温度达120 ~170℃时，可全部分解为元素

硫和 Sb_2S_3。硝酸或硫酸可使 Sb_2S_5 分解成 Sb_2S_3；用盐酸处理则形成 $SbCl_3$、H_2S 和元素硫。在氢气流中加热，Sb_2S_5 可不经 Sb_2S_3 而直接还原成金属锑。不溶于水，但溶于碱金属硫化物及硫化铵溶液中。

二、用途

五硫化二锑主要用于颜料的配制，在橡胶工业中可用作硫化剂。

第八节 硫代锑酸钠

一、性质

硫代锑酸钠（Na_3SbS_4，又名施里普盐）为亮黄色的结晶体，易溶于水，在碱性溶液中相当稳定，但当溶液酸化时则分解析出硫化氢，生成五硫化二锑沉淀。

二、用途

硫代锑酸钠可作为纺织工业的媒染剂和着色剂，并且还可用于制备五硫化二锑以及锌电解液的净化。

第九节 三氯化锑

一、性质

三氯化锑（$SbCl_3$，又名氯化亚锑）在常温下为无色斜方结晶，有 α、β、γ 三种形态，密度为 3.14g/cm³，熔点为 73.4℃，沸点为 223℃。在空气中稍微发烟，有强烈腐蚀性和吸湿性。易溶于水并分解生成氯氧化锑；可溶于苯、二硫化碳、丙酮、乙醇、乙醚等有机溶剂；也可溶于液体硫化氢、液体二氧化硫等无机液体，以及盐酸和酒石酸等溶液。溶于钠、铵、钙、镁的氯化物饱和溶液时，是一种清亮无色的液体，但溶解在氯化钾、氯化钡的饱和溶液中时，则会出现混浊现象。

三氯化锑能够抑制强酸对铁、钴、镍的腐蚀，相反却可加速对锌、镉、锡、铬的溶解，因此用来除去铜、铁、镍、钴金属上面的锌、镉、锡、铬等涂层，且在浓盐酸中对铁有保护作用。与浓硫酸反应，能产生氯化氢和硫酸锑；能被浓硝酸氧化成锑酸；能与碱和碱土金属的氯化物反应生成配合物；还能与多种有机化合物反应，如与芳烃和生物碱呈显色反应。

二、用途

三氯化锑在无机和有机工业用作氯化反应的催化剂，生产芳基锑酸、高纯锑和吐酒石的原料。印染工业用作媒染剂。纺织工业用于织物的阻燃性。颜料工业用于制造色淀产品。钢铁工业用作涂饰钢铁，使之青铜化，保护和美化武器及钢件。分析化学中用作铷、铯的分离试剂，维生素 A、D 的比色试剂，以及相对分子质量测定，化学显微技术中的药物和三氯乙醛、芳香烃和各种含有共轭双键的环状碳氢化合物的分析试剂。此外，还常用作物品的防腐剂，以及医药上的刺激剂。

第十节　五氯化锑

一、性质

五氯化锑（$SbCl_5$）在常温下为无色或稍带浅黄色液体，密度为2.336g/cm^3，熔点为3.2℃。吸湿性强，在空气中发生烟雾，有恶臭。溶于浓盐酸以及酒石酸、二氧化硫、苯、氯仿、醇等有机溶剂，在水中能被水解成锑酸和氯化氢。与金属元素作用生成复盐；与金属氯化物反应可生成相应的六氯锑酸盐的结晶性化合物，如$SbCl_5 \cdot 3NH_4Cl$；与有机化合物反应生成加成化合物。在140℃开始分解。

二、用途

五氯化锑在分析化学中用作检验生物碱和铯的分析试剂；有机二业中用作烃类氯化时的催化剂，制冷剂氟里昂生产的催化剂，还用于与乙炔反应制备四氯乙烷和二氯乙烷；染料工业中用于制备染料中间体；无机工业中用于制备高纯锑。

第十一节　氯氧化锑

一、性质

氯氧化锑（SbOCl或$Sb_4O_5Cl_2$，又名碱性氯化锑、次氯酸锑）为白色单斜晶体，不溶于冷水，可溶于热水、HCl及

CS_2 中。170℃时开始分解，可在相当宽的温度范围内逐渐分解，释放出 $SbCl_3$。氯氧化锑对高分子聚合物具有优良的阻燃性能。

二、用途

氯氧化锑可广泛用于聚乙烯、聚氯乙烯、聚丙烯、聚苯乙烯、ABS、聚酯等高聚物的阻燃。例如，氯氧化锑用于聚氯乙烯电缆料，各项性能符合 Q/ZSJ02-03—90 标准，其氧指数为32.5，比标准要求（氧指数不小于30）和使用 Sb_2O_3 作的对比样的氧指数（32）均高；用于彩色阻燃软质聚氯乙烯时，色料用量比使用 Sb_2O_3 时减少50%；用于透明玻璃钢阻燃，所得制品的透明度好，比使用 Sb_2O_3 的透明度有明显提高；用于工程塑料尼龙66、聚丙烯的阻燃时，其使用量较微细 Sb_2O_3 降低25%时，阻燃效果还优于微细 Sb_2O_3 燃烧试验可达到 UL-94VO 级，制品着色能力比使用微细 Sb_2O_3 阻燃材料要强，可节约色料25% ~35%，对材料的力学性能无不利影响；用于软质聚氨酯泡沫塑料的阻燃时，每100份聚酯加入30份 SbOCl 就具有自熄性；将 $Sb_4O_5Cl_2$ 与溴化合物配合用于 ABS 树脂阻燃，阻燃效果达 UL-94VO 级。

第十二节 硫 醇 锑

一、性质

硫醇锑（$Sb[S(CH_2)_nCOOR]$，R 为1 ~20个碳原子的烷

基、环烷基、芳基、芳烷基，又名巯基羧酸酯锑）有液体产品和固体产品，不溶于水，易水解，而溶于甲苯等有机溶剂。耐光性较差。对 PVC 等聚合物材料具有优异的热稳定作用，良好的防初期着色性和色调保持性。加工熔融黏度低，与其他助剂相容性好，与钙皂、环氧化合物等有良好的热稳定协同效应。但与铅、镉或含硫化合物并用时会产生硫化污染。

二、用途

硫醇锑是一类新型的高效、无毒或低毒的硬质透明 PVC 塑料热稳定剂。它可替代有机锡热稳定剂，适用于透明硬质 PVC 油瓶粒料、PVC 硬质透明片材和其他塑料制品。据报道，美国已有十多个牌号的产品，其生产发展很快，它的增长速度（3.1%）仅次于有机锡热稳定剂，已有 15% 的管材生产使用硫醇锑作为稳定剂。

国产 STH-I 产品用作透明 PVC 塑料鞋的热稳定剂，可以免去常用的有机锡热稳定剂 C-102，以及与之配用的硬脂酸镉、硬脂酸钡。其加入量为 1%（质量分数），加工性能好，热稳定效果好，能控制 PVC 早期热分解引起的变色现象，制品透明度好，颜色鲜艳，各项物理力学性能都达到国家标准。STH-Ⅱ产品用作无毒 PVC 上水管及其他管材、管件的热稳定剂，在单螺杆挤出机中，加入量为 1.5% ~2%（质量分数）。加工性能稳定，制品呈白色，无刺激性气味，各项物理力学性能、饮水管的卫生性能及各项指标全部合格。

中南工业大学研制的 AST 型产品用于生产药用和食品

用的 PVC 配方，各项性能均优于国产有机锡热稳定剂，用于透明硬质 PVC 粒料和食品包装用压延 PVC 透明硬片，各项性能均达到国外有机锡热稳定剂 17MOK-N（德国）和 TM-181（美国）的国际先进水平。

第十三节　硫 醇 盐 锑

一、性质

硫醇盐锑（$(RS)_3Sb$，R 为烃基）一般为白色固体，不溶于水，而溶于甲苯等有机溶剂。对 PVC 塑料具有非常好的热稳定性和透明性。用于 PVC 硬质透明片的性能指标与常用的硫醇型有机锡稳定剂相仿，但两者不能同时并用，否则会出现硫化污染。

二、用途

烷基硫醇盐锑是一类新型的透明 PVC 塑料热稳定剂，主要用于制造各种透明硬质 PVC 制品，也可用于透明软质 PVC 制品和其他塑料制品。其应用性能与硫醇锡热稳定剂相当。例如，将烷基硫醇盐锑 ASH-112 产品与国产硫醇锡热稳定剂分别用于硬质 PVC 透明片的配方，其用量均为 0.3%，同时都另加 2% 的硬脂酸和 10% 的 DOP，在同样条件下进行对比实验，结果表明 ASH-112 的热稳定性能优于硫醇锡，在同一加工温度中制样时，硫醇锡上辊后即变色，要比 ASH-112 产品的加工温度下降 30℃才不变色。

第十四节　羧酸酯锑

一、性质

根据羧酸基不同，羧酸酯锑（$(RCOO)_3Sb$，R 为烷基或芳基）有液态和固态。一般不溶于水，易水解，溶于苯、甲苯、丙酮、乙醇等有机溶剂。对 PVC 的热降解有抑制作用，具有良好的防初期着色性和色调保持性。与硬脂酸钙、环氧化合物、亚磷酸酯有很好的热稳定协同效应。

二、用途

羧酸酯锑主要用作 PVC 薄膜、薄板、管材和其他塑料制品的热稳定剂。可替代镉皂、铅皂用于 PVC 制品。如用羧酸酯锑 AO-12 产品取代常用的透明膜热稳定剂，热稳定性和透明度都很好。AO-12 产品和三盐基硫酸铅配合使用作为乳白压膜的稳定剂，热稳定性好，试验 20min 未变色，加工性能优良。与单独使用三盐基硫酸铅相比，不仅减少了有毒性的铅盐用量，而且提高了热稳定性、分散性和润滑性，改善了加工性能。

第十五节　三苯基锑

一、性质

纯净的三苯基锑（$(C_6H_5)_3Sb$）为棱柱形晶体，熔点为

53℃，不溶于水，易溶于乙醚、三氯甲烷、苯、石油醚等有机溶剂中，微溶于乙醇。

二、用途

三苯基锑可用作高分子聚合物的阻燃剂和抗氧剂。例如，采用三苯基锑和氯化石蜡可制备阻燃树脂，三苯基锑用于环氧树脂阻燃时，LOI 值可以从 19.6% 提高到 31.0%。在含溴环氧树脂中，用三苯基锑代替 Sb_2O_3 可减少发烟量，提高阻燃效果。三苯基锑与其他阻燃剂配合使用还用于聚酯涂料、聚氨酯、聚醚、聚酯及聚烯烃的阻燃。三苯基锑在医药上可作防翳剂，还可用作高分子聚合反应的催化剂等。

第十六节　二溴三苯基锑

一、性质

二溴三苯基锑（$(C_6H_5)_3SbBr_2$）为白色粉末，熔点为 212 ~ 214℃，加热到 220℃ 时开始分解，350℃ 时完全分解。对高分子聚合物具有阻燃作用。不溶于水和石油醚，而溶于丙酮等有机溶剂。

二、用途

二溴三苯基锑可用作聚酯、聚丙烯等聚合物的阻燃剂。

例如，用10%的二溴三苯基锑作为聚丙烯的阻燃剂，LOI值可以从18.2%提高到31.5%，而含25%～26%的Sb_2O_3与含氯有机阻燃剂的聚丙烯LOI值只有26%～28%，含25%～30%磷系阻燃剂的聚丙烯LOI值也只有28.5%～29.5%。二溴三苯基锑用作静电记录彩色材料添加剂，对彩色的清晰度和耐久性等有很大的提高。二溴三苯基锑还可用作环氧乙烷与二氧化碳聚合反应的催化剂等。

第十七节　二（2,4,6-三溴苯氧基）三苯基锑

一、性质

二（2,4,6-三溴苯氧基）三苯基锑（$(C_6H_5)_3Sb(C_6H_2Br_3O)_2$）为白色粉末，熔程为239～241℃，在250℃以下比较稳定，在250～610℃之间发生热分解，分解反应比较复杂，分三步进行。对高聚物具有优异的阻燃性能。不溶于水和石油醚，而溶于苯等有机溶剂。

二、用途

二（2,4,6-三溴苯氧基）三苯基锑是一种新型的有机锑阻燃剂，对聚丙烯、聚乙烯等高聚物的阻燃效果非常好，并能改善聚合物材料的加工性能，而不影响聚合物材料的原有力学性能。例如，仅添加10phr二（2,4,

6-三溴苯氧基）三苯基锑的聚乙烯，其氧指数 LOI 值从 18.5% 提高到 26.5%，且对聚乙烯的弯曲强度、冲击强度等无不良影响，仍保持了纯聚乙烯的原有力学性能。而目前生产上添加 20phr 十溴二苯醚、10phr 三氧化二锑和 2phr 乙烯基三甲氧基硅烷复配阻燃体系的聚乙烯，其 LOI 值也只有 26%。可见，同一化合物中锑与溴的阻燃协同效应强于复配体系中的协同效应，因此该类产品具有潜在的应用前景。

第十八节 酒石酸氧锑钾

一、性质

酒石酸氧锑钾（$K(SbO)C_4H_4O_6 \cdot 0.5H_2O$，又名吐酒石、锑氧基酒石酸钾、酒石酸锑钾）为无色透明结晶体或白色粉末，密度为 2.607g/cm^3。置空气中会慢慢风化，100℃时失去结晶水。溶于水及甘油，不溶于酒精。水溶液呈弱酸性，遇单宁酸即生成白色沉淀。有毒。

二、用途

酒石酸氧锑钾在印染工业用作碱性染料染棉织品的媒染剂。在酸性染料染色后用酒石酸锑钾、单宁酸和甲酸溶液处理，可以提高织物的水洗和皂洗牢度。皮革工业用作皮革的媒染剂。医药工业用作催吐剂和治疗血吸虫病的针剂。也可用于织物化纤的阻燃和电镀等。

第三章 锑的应用前景

锑是一种用途广泛的金属，满足公认的战略金属四大条件，被广泛应用于阻燃剂、颜料、合金、汽车蓄电池、半导体领域以及超白玻璃、光伏产业和军工。由于其稀缺、阻燃性能最佳而用途广泛，其位列欧盟委员会对欧盟生死攸关的原料14种紧缺名单之首。美国、日本、欧盟均有战略储备且严重依赖进口，更为严重的是锑金属几乎不可回收和广泛应用，相对其他金属而言，消耗速度极快，成为我国十大稀有战略金属中最稀缺的品种。

全球锑消费结构中阻燃剂占据了70%的份额。锑主要是以氧化锑的形式作为阻燃剂的协效剂添加在阻燃剂中，其中又以塑料用途最为广泛。据统计，三氧化二锑在塑料阻燃剂中用量占据锑总消费量的70%，其次是化纤、棉纺等。锑-卤系阻燃剂占据阻燃剂主导地位，但它有两大不利因素：产烟量高、氧化锑有毒。美国、日本、欧盟等国专家经过多方实验证明，锑系阻燃剂与无机阻燃相比并不具备明显的毒性，特别是欧盟历经十年，进行了588项试验，耗资数百万欧元，结果没有发现在生产、制造、储存、运输和使用中引起的危害，对环境和人类健康没有明显的负面影响，因此欧盟接受十溴二苯醚在聚合物中的应用。它的优越性是任何其他阻燃剂取代不了的。而且目前已经开发出抑制烟尘的方法，在溴系阻燃剂中加入硼酸锌形成锑基复合阻燃剂，这种阻燃剂可以提高阻燃效率，还可以改善其性能，抑制烟尘、降低成本，因此锑-溴类阻燃剂依然会有强劲的生命力。近二十年来，有国家开发出了一些能部分替代三氧化二锑的产品，在一些地方发挥了较好的效果，但综合比较各方面性能还是不能完全替代锑化合物。其一，单吨塑料锑-卤系阻燃剂的成本只有目前呼声最高的磷系阻燃剂成本的一半；其二，由于锑-卤协效阻燃效率远高于其他阻燃剂，所以目前锑-卤系阻燃剂仍然牢牢占据阻燃领域的主导地位。据美国地质调查局预计，全球氧化锑消费远高于目前的市场消费的10万～12万吨。此外，由于发展中国家陆续采用更为严格的阻燃法规以及塑料消费量的增长，新兴市场未来将成为阻燃剂需求增长的主力军，锑-卤阻燃剂实际替代速度远慢于市场预期，较长时间锑-卤系阻燃剂仍是综合考虑的首选。

近年来，除工程塑料和化工行业对氧化锑的需求份额保持稳定增长外，随着一些新兴产业如光伏行业的快速发展，扩大超白光伏玻璃的生产规模，成为拉动锑消费增长的重要因素。我国是光伏行业产品的生产大国，据测算，2010年国内锑消费量约为7.1万吨，同比增长12%。目前国内每年7万吨左右的消耗数量已经让中国成为世界第一锑消费大国。2010年国内锑品产量为11.8万吨，同期我国锑矿进口4.9万吨，折合金属量3万吨，同比增长约87.1%，这就是国内锑矿供应严重不足的真实写照。随着发展中国家的崛起，锑在这些国家的需求的持续扩大，锑消费持续将成必然。持续已久的锑矿供应紧张局面，将因为锑矿资源性短缺，锑矿勘探、开采难度不断加大，资源日益匮乏，变得越来越严重。

第三篇

资源的形成与分布

锑属亲铜元素，但也有一定的亲氧性，具有两性元素特性，其离子主要为 Sb^{3+}，也有 Sb^{5+}。在自然界里，锑主要形成硫化物（如 Sb_2S_3），少数形成氧化物和含硫盐类（如 Sb_2O_3、$[SbS_3]^{3-}$ 等）。锑与铋有相近的地球化学特征，在辉锑矿中 Sb_2S_3 与 Bi_2S_3 能进行广泛的混合。辉锑矿与辰砂经常密切共生，形成锑汞矿床。锑在表生作用中易与氧结合，辉锑矿氧化后形成溶解度极低的锑华、锑赭石和黄锑华等，所以锑在表生作用下不发生明显的迁移。

锑在自然界中约有 150 多种锑矿物和含锑矿物，主要以 4 种形式存在，即：

（1）自然化合物与金属互化物，如自然锑、砷锑矿；

（2）硫化物及硫盐类，如辉锑矿、硫铜锑矿、硫锑铁矿、辉锑铁矿、黝铜矿、车轮矿、硫锑铅矿、脆硫锑铅矿、斜硫锑铅矿、硫锑银矿、辉锑银矿、辉锑铅银矿、硫汞锑矿、硫氧锑矿等；

（3）卤化物或含卤化物，如氯氧锑铅矿等；

（4）氧化物，如锑华、黄锑华、锑赭石、锑钙石、水锑钙石、方锑矿等。

第一章 锑矿的形成与分布

锑是一个趋于在地壳浅部富集的中低温热液成矿元素，因此成熟度越高的地壳块段锑的丰度越高，锑矿产出概率也越大。研究表明，中国主要类型锑矿床的硫同位素组成范围变化很大，锑矿床中各种矿物（辉锑矿、黄铁矿、闪锌矿、雄黄、方铅矿、重晶石、毒砂、辰砂、脆硫锑铅矿等）的 $\delta^{34}S$ 值从 -32.7‰变化到 +34.8‰，极差值高达 67.5‰。各类锑矿床中矿物的硫同位素组成变化各异，硫的来源不仅有海水中沉淀的硫酸盐硫，而且还有生物、细菌形式的还原硫和深源硫（岩浆作用、喷流作用等）；对成矿热液而言，既有地下水热液，也有变质热液、岩浆热液，以及岩浆热液与变质热液的混合热液；对成矿物质锑的来源，既有来自基底及地幔等深源的，也有来自地层等浅源的，因此锑矿床成因复杂。总体而言，锑矿床大多具有中低温浅成多因复成的特点。

世界锑矿床的分布主要在四个构造成矿带上，即环太平洋构造成矿带、地中海构造成矿带、中亚天山构造成矿带和贝加尔构造成矿带。从目前发现的矿床和探明储量来看，环太平洋构造成矿带集中了全球 75% 以上锑矿储量，中国的湘、桂、滇、黔等省的一些大型、超大型矿床都集中这个带上，如湖南的锡矿山、渣滓溪、沃溪，广西的五圩箭猪坡、茶山，贵州的晴隆、独山半坡，云南的木利等（如图 3-1 所示）。从含矿地层和控矿上说，从前震旦系至第四系均有锑矿床分布，而主要分布在其中的泥盆系、志留系地层中。而泥盆系地层又是锑矿的最重要的赋矿层位，在这个地层中发现并勘查的矿床多、规模大，如分布在华南锑矿带的湖南锡矿山、广西大厂、云南木利、广东乐家湾及秦岭汞锑矿带、陕西公馆等地。国外锑矿床分布在志留系地层的居多。

锑矿赋存的围岩具有多样性的特点，但以碳酸盐为主，其次是浅变质岩类，主要为板岩；还有硅质岩类，主要是砂岩。

主要锑矿床的成矿时代，燕山期成矿占60%，多期成矿占38%，其他成矿期则较少。

在中国，锑成矿带分布主要有4个，分别与世界锑矿带相连：

（1）华南锑矿带。这是我国最重要的锑矿带，也是环太平洋锑矿带的重要组成部分。已知锑矿床占全国锑矿床总数的85.5%，占全国锑总储量的83.1%。

（2）滇西、西藏锑矿带。西延与地中海锑矿带相连，占全国锑矿床（点）总数的2.4%，占全国锑总储量的0.3%。

（3）秦岭—昆仑山锑矿带。西延与中亚锑矿带相连，已知锑矿（点）占全国锑矿床（点）总数的9.7%，占全国锑总储量的16.3%，是近10年来查明的重要锑矿带。

（4）长白山—阴山—天山锑矿带。西延与外贝加尔锑矿带相连，是新发现的区带，占全国锑矿床（点）总数的

3.4%，占全国锑总储量的0.3%。

第二章 锑矿床类型

中国锑矿床类型多、规模大，一直是矿床地质工作者研究的主要问题。近年来，对我国的锑矿床大致有3种分类。

（1）根据矿体形态，成矿作用方式、控矿条件和矿石建造等，将锑矿床分为3个类型，即层状、似层状锑矿床，热液脉状锑矿床，红土层中的残积锑矿床。

（2）以成矿作用为主，结合成矿物质来源及主要成矿地质条件等因素，将中国锑矿床划分为6个类型，即沉积改造型，喷流沉积改造型，火山沉积改造型，沉积变质再造型，岩浆热液充填型，表生堆积型。

（3）以含矿岩系为主导，兼顾矿床产出地质背景、成矿环境、物质组成、成矿物理化学条件等因素，将锑矿床又划分为7个类型，即碳酸盐岩型，碎屑岩型，浅变质岩型，海相火山岩型，陆相火山岩型，岩浆期后型，外生堆积型。这种分类的优点是简明实用，有利于找矿、勘探和开采。

7个类型锑矿床的主要地质特征如下：

1）碳酸盐岩型锑矿床。该类型矿床赋存于碳酸盐岩系地层内，成矿物质主要来自矿源层，是经热卤水改造而形成的矿床。含矿岩系为一套多陆源碎屑的碳酸盐岩，大多数矿床以灰岩、白云岩、白云质灰岩、生物碎屑灰岩为主，个别矿床以燧石岩为主。矿床明显受沉积因素制约。矿体常限于一定层位沿层间构造充填，主要呈层状、似层状、扁豆状，与地层整合，仅局部地段有小角度斜交，具有多层性，也有的以脉状为主。矿床规模多为大型，个别的为超大型。典型矿床为湖南锡矿山锑矿、云南木利锑矿。

2）碎屑岩型锑矿床。该类型矿床含矿岩系为海相（滨海局部洼地、陆地边缘）碎屑岩，即泥岩、粉砂岩、细砂岩，也常夹较多的不纯碳酸盐岩，其中常见有机质及黄铁矿。成矿物质来自矿源层，主要经成岩期后深循环热卤水改造而形成的矿床。矿体多为脉状，产于细碎屑岩向碳酸盐岩过渡部位，或者不整合面上的层间破碎带中。矿床规模为大中型。典型矿床为贵州半坡锑矿床、加拿大的水獭溪锑矿。

3）浅变质岩型锑矿床。该类型矿床含矿岩系为细碎屑岩夹火山沉积岩，形成 Au、Fe、Mn、Cu、Pb、Zn、W、Sb、Hg 的火山沉积物矿源层，经各种改造作用，使这些元素发生空间分离，分别形成钨锑、金锑、金锑钨石英脉型综合矿床。矿体形态以脉状和脉带为主，次为扁豆状、透镜状等。矿床规模中小型居多，个别的为大型。国内的典型矿床有湖南沃溪、龙山、陕西公馆、甘肃崖湾等锑矿床，国外如塔吉克斯坦的 Anzob 汞锑矿、俄罗斯的盛达昌和萨雷拉赫金锑矿也属该类型。

4）海相火山岩型锑矿床。该类型含矿岩系中火山岩及火山沉积岩均很发育。矿化层上盘常是火山熔岩，矿体赋存于变余玄武岩及黏土岩（含凝灰质、玄武岩屑、玄武砾石）

的蚀变岩石中，下盘为灰色巨厚层状生物灰岩。矿床规模为大中型。典型矿床有贵州晴隆锑矿床。

5）陆相火山岩型锑矿床。该类型为我国锑矿新类型。矿床产于活化地台火山断陷盆地边缘。成矿与燕山晚期—喜马拉雅期的陆相裂谷式火山活动有关。安山玄武岩、安山岩、闪斜煌斑岩的气液提供成矿物质。含矿石英脉沿喷发熔岩（或超浅成侵入岩脉）内的断裂带充填，有的产于岩脉内、外接触带部位。矿床规模多为中小型。典型矿床有西藏美多锑矿、江西宝山锑金矿床。

6）岩浆期后锑钨矿床。这类矿床的成矿母岩为岩浆岩，多与燕山中、晚期浅成或超浅成小岩体、岩脉关系更密切。含矿陡倾斜石英脉常产于这类岩株、岩脉的接触带上；有的锑矿床还产在加里东期花岗闪长岩体内接触带上，或者印支期花岗岩的内接触带上；还有的矿床产在与岩体有一定距离的围岩中。锑矿床与钨、锡、铜、铅、锌等矿床构成以岩体为中心的水平分带，反映了成矿温度递降的特征。这类矿床按成矿方式及成矿温度的差别，分为高-中温热液交代充填矿床和中-低温热液充填矿床两个亚类。矿床规模多为中小型。典型矿床有湖南高挂山钨锑矿床、广西大厂锡多金属伴生锑矿床等。

7）外生堆积型锑矿床。这类矿床是原生锑矿物地表氧化生成的锑赭石、黄锑华等，经风化剥蚀，与自然金或锡石一起，成为砂矿，易采易选，但多属小型矿床，个别的为中型，主要分布在广西上林、田阳、德保一带。

第三章 锑资源储量

根据美国地质调查局发布的消息，2008 年世界锑储量为 210 万吨，基础储量为 430 万吨，主要锑资源国为中国、俄罗斯、泰国、玻利维亚、塔吉克斯坦、南非、美国等国家。

2008 年，中国锑储量占世界锑储量的 32.9%，查明锑资源储量 251.51 万吨，其中基础储量 74.31 万吨（储量为 47.43 万吨），资源量 177.20 万吨。目前全国探明锑矿 166 个，主要分布于湖南（占总查明资源储量的 25.8%）、广西（20.4%）、西藏（13.6%）等省（见表 3-1）。

表 3-1 2008 年全国锑矿资源分布情况

地 区	基础储量 /万吨	储量 /万吨	资源量 /万吨	资源储量 /万吨	占全国比例 /%
全 国	74.31	47.43	177.2	251.51	100
湖 南	43.66	30.38	21.26	64.92	25.8
广 西	5.33	3.27	46.05	51.38	20.4
西 藏	—	—	34.13	34.13	13.6
贵 州	1.29	1.21	25.43	26.72	10.6
云 南	5.09	3.54	20.9	25.99	10.3
甘 肃	6.21	3.16	9.76	15.97	6.3
其他省区	7.29	3.26	13.65	20.94	8.3

据不完全统计，在全国各地已探明的锑储量中，已利用

的占到87%，说明我国锑矿资源开发利用率很高（见表3-2）。

表3-2　截至2008年底我国锑矿查明资源储量利用情况

种　类	矿区数/个	基础储量/万吨	资源储量/万吨
锑已利用矿区	71	58.04	123.06
可规划利用矿区	36	2.77	43.58
难利用矿区	59	13.50	84.87

1978～2008年，我国锑矿查明资源储量由135.05万吨增加到251.51万吨，增长86.2%。据《世界矿产资源综述（2011）》统计显示，到2010年底，全球探明的锑基础储量约180万吨，其中中国95万吨，占52.78%，居全球首位；俄罗斯35万吨，占19.44%；玻利维亚31万吨，占17.22%；塔吉克斯坦5万吨，占2.78%；其他地方包括美国、加拿大、泰国、越南、菲律宾、缅甸及南非等地，占7.78%（如图3-1所示）。以上数字表明，世界锑储量有下降趋势，但中国锑储量自2005年以来却一直保持着稳步上

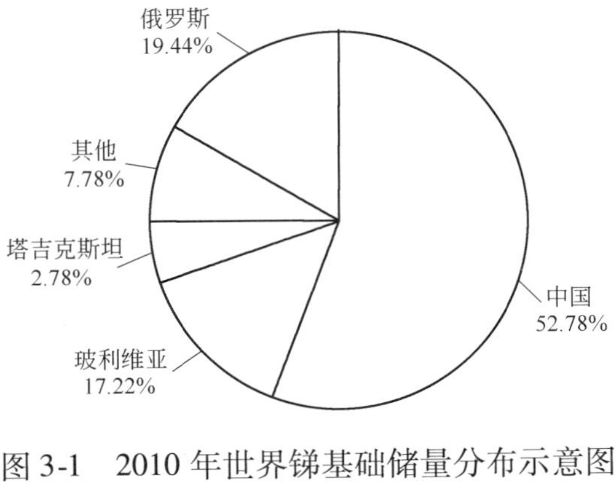

图3-1　2010年世界锑基础储量分布示意图

升的势头，这主要是自2004年以来国家启动的“危机矿山找矿项目”，大幅度地增加了勘探投入所致。

据国土资源部2008年“新一轮国土资源大调查”结果显示，我国锑的预测资源量至少是查明资源储量的2~3倍，潜在锑矿资源巨大，而这些潜在资源主要分布于老矿山深部及其外围和西部地区。

有关资料显示，在已查明的锑资源中，有33.7%目前难以利用，难利用的原因是交通困难，地质条件复杂，矿体小而分散、埋藏深、矿石品位低以及矿石综合利用问题未解决等。伴随着经济的发展，采、选技术的进步，上述问题大部分可得以解决，资源利用率会得到进一步提升。

另外，就目前情况而言，我国锑资源利用程度已相对较高，可设计规划利用储量逐年减少，后备基地渐显不足。但相较国外，锑资源的开发利用程度就特别低，近几年在南非、加拿大、东南亚等许多国家先后发现了诸多锑矿床。令人振奋的是我国一些矿业公司已加入到国外锑资源勘探开发领域。这对于缓解我国储量逐年减少，后备基地渐显不足，而国际市场对锑的需求逐步增加的矛盾意义重大。

所以说，虽然储量的增速低于矿山开发消耗的增速，静态保证年限呈现逐渐降低趋势（自2001~2008年，我国锑矿资源静态保证年限明显缩短，从15年降至9年，世界锑矿资源静态保证年限从17年降至10年），但随着全球经济的发展，采、选、冶技术的进步，国内外锑资源利用程度的提高，勘探投入逐步持续的增加，新矿源的不断发现，全球范围内的锑矿资源并不会很快枯竭。从动态角度来看，国内乃至世界的锑资源总量从目前往后的10年内应该保持着2005年以来稳步增长的势头。

第四章　中国典型锑矿床简介

第一节　湖南锡矿山锑矿

湖南锡矿山锑矿是世界唯一超大型锑矿床，素有“世界锑都”的美誉。位于湘中北部，湘中盆地中部，北北东向的城步——桃江深大断裂（F_{75}）通过矿田西侧，并与北西向的双峰——涟源隐伏断裂交汇于矿田南部，为成矿提供了优越的区域构造条件。矿田出露下石炭统和上泥盆统地层，深部经坑道和钻探揭露，见到中泥盆统棋梓桥组地层。

矿田内四个矿床（飞水岩、老矿山、童家院、物华）的成因和控制因素基本相似，因此，其特征也基本相似。矿（田）床内有三类矿体：Ⅰ类矿体产于总屏蔽层（$D_3x^1+D_3s^3$）之下，矿体与地层产状一致，为层状、似层状，形态稳定，以形态简单、厚度稳定、品位富、变化小为特征；Ⅱ类矿体位于Ⅰ号矿体之下，主矿体产于$D_3s^{2\text{-}7}$小层上部，矿体顶板受$D_3s^{2\text{-}6}$小层（页岩）的遮挡控制，其底板呈波状起伏或凸凹不平，形态比较复杂，在背斜核部多形成不稳定的似层状或透镜状，向南西侧伏，以厚度大、品位富、形态复杂为其特征；Ⅲ类矿体主要受 F_{75}、F_{36}、F_3、F_{72} 等北北东、北东组断裂控制，矿体呈侧羽状、不规则带状及薄板状。矿体顶板与断层面基本一致，底板凸凹不平，形态复杂，变化较大，称为交错型矿体。

矿床类型为碳酸盐岩型沉积-改造层控矿床。

第二节　云南木利锑矿

云南木利锑矿矿区位于右江褶皱带西端，文山—广南—富宁弧形褶断带北东侧。矿田出露地层主要为寒武系、泥盆系及二叠系，赋矿层位为下泥盆统坡脚组中段强硅化（礁）灰岩，区内褶皱、断裂十分发育，展布方向与主构造线方向基本一致。

矿区工业矿体主要分布在木利矿段及三家村矿段，木利矿段已查明工业矿体 5 个，以产于背斜核部的Ⅰ号矿体规模最大。矿体呈层状、似层状产于下泥盆统坡脚组中段硅化礁灰岩之中。三家村矿段，位于木利矿段南东端，已查明45～75 线之间有工业矿体6 个，以Ⅰ号矿体规模最大，矿体呈似层状产于背斜核部硅化礁灰岩之中。

矿床类型为碳酸盐岩型沉积改造锑矿床。

第三节　贵州晴隆锑矿

贵州晴隆锑矿矿田位于黔西南拗陷带北部，碧痕营背斜

（轴向北东）的南东翼部位。矿田出露地层主要有下二叠统茅口组、大厂层、峨眉山组玄武岩及上二叠统龙潭组等。褶皱为宽缓的短轴背斜与向斜，轴向北东。断裂较发育，沿断裂带见有硅化、萤石化和锑矿化。矿田由100多个大小矿体组成了20多个含矿体。工业锑矿体大部分产于“大厂层”中，占矿田锑储量的97%。矿体呈层带状、似层状及凸透镜状产出。

矿床类型属海相火山岩型火山沉积-构造改造锑矿床。

第四节　广西大厂锡多金属伴生锑矿

广西大厂锡多金属伴生锑矿矿田处于广西南丹—河池多金属矿带中部，呈北西向展布。矿田地层为泥盆系—三叠系均有出露。岩性为细碎屑岩、硅质岩、碳酸盐岩等。含矿岩系为硅质岩和礁灰岩。矿田构造具有网格构造特征。

大厂矿田中的锑矿床及锑矿体按形态划分为两种类型：似层状整合型锑铅硫盐类矿床，如长坡-巴力-龙头山式（简称龙头山式）；脉状交错型锑钨矿床，如茶山式。

矿床类型为岩浆期后中低温热液充填矿床。

第五节　甘肃宕昌县瓦石沟锑矿

甘肃宕昌县瓦石沟锑矿矿床处于秦岭造山带之南秦岭构造带。区域断裂构造十分发育，主要为北西向。区域性深大断裂控制了地层和岩浆岩的展布，矿产多赋存于北东向构造应力薄弱部位。矿区地层出露中泥盆统西汉水群（D_2^2xh），三叠系官亭群中部建造层第一岩性段（T^{b-1}）、第二岩性段（T^{b-2}）、第三岩性段（T^{b-3}）和第四岩性段（T^{b-4}），地层相变明显。总体为一套巨厚的类复理石建造和陆缘碎屑沉积，由碎屑岩和碳酸盐岩组成。矿体产状和空间分布特征受层间破碎带控制。矿体直接赋存于层间破碎带中，且与分布于其中的硅化石英砂岩形态、产状相一致。

矿床类型为沉积-变质再造层控锑矿床。

第六节　西藏美多锑矿

西藏美多锑矿矿区位于唐古拉山南麓，平均海拔高达5300m，相对高差250m左右，属高原低山地形。矿区出露的地层有上三叠统土门格拉群、中侏罗统玛托组、下白垩统玉带山组、下第三系和第四系，其中以上三叠统最为发育。矿区构造主要为NE-SW向的线状褶皱和压扭性断裂。区内火山岩发育于上三叠统土门格拉群含煤碎屑岩组下部，以火山碎屑岩为主，岩石类型有晶屑凝灰岩、岩屑凝灰岩、火山角粒凝灰岩等。矿体分布于上三叠统土门格拉群含煤碎屑岩组火山岩地层中，呈层状、似层状产出，受地层和层间断裂构造控制。

矿床类型属陆相火山岩型锑矿床。

第四篇

勘查及采选技术与装备

第一章　锑矿的勘查

第一节　锑矿勘查的目的与任务

锑矿产地质勘查的目的是寻找和发现新的矿产资源，探求各类矿产资源及储量，提交各个阶段的勘查报告，为矿产资源开发服务。

勘查工作分为预查、普查、详查、勘探 4 个阶段。各阶段的任务如下：

（1）预查阶段是通过对区内资料的综合研究、类比及初步野外调查、极少量工程验证，提出可供普查的矿化潜力较大地区，有足够依据时可估算预测的矿产资源量。

（2）普查阶段是对矿化潜力较大地区进行一定数量的各项野外工作以及概略研究，确定是否有进一步详查的价值，并圈出详查区范围，估算推断的矿产资源量。

（3）详查阶段是进行系统的勘查工作，基本查明矿床地质特征以及控制或破坏矿体的因素，基本确定矿体的连续性，并通过预可行性研究，做出是否具有工业价值的评价，圈出勘探区范围及估算控制的矿产资源及储量。

（4）勘探阶段是进行各项系统的加密工作，详细查明矿床地质特征以及控制和破坏矿体的因素，确定矿体的连续性，估算探明的矿产资源及储量，并通过预可行或可行性研究为矿山建设投资决策和设计确定生产方案等提供必要的依据。

第二节 主要勘查工作及质量要求

一、地质填图

不同勘查工作阶段应开展不同比例尺的地质填图工作，其精度要求应按同比例尺地质填图规范要求进行。

预查阶段：对有望地区，选择几条路线进行地质踏勘，地形底图最好选择同比例尺正规地形图，地质点一般采用地形地物定点。

普查阶段：一般开展1∶50000～1∶5000地质填图，地形底图为正规1∶50000～1∶10000地形底图，或放大成1∶5000地形底图，地质点一般采用地形地物定点。对蚀变矿化体或重要地质界线而言，若遇上浮土覆盖则需适量探槽、井探或浅钻工程稀疏揭露控制，勘查工程及勘探线剖面必须实测。

详查和勘探阶段：详查一般开展1∶5000～1∶2000地质

填图（精测），勘探一般开展1：2000～1：1000地质填图（精测），必要时在勘探阶段可开展1：500地质填图，所用地形底图须进行地形测量，精度须符合同比例尺测量规范。对蚀变矿化体或重要地质界线，若遇浮土覆盖则需按一定的工程间距布设探槽、井探或浅钻工程揭露控制，所有地表工程、地质点、勘探线剖面均须用仪器法展绘到图上，对于薄矿体（层）、标志层及其他有特殊意义的地质现象，必要时扩大标示。

二、物化探工作

依据矿床的地质、矿化特征及矿区的自然地理条件，选择有效的物化探方法进行综合勘查。对锑矿床，可选择投入联合剖面、大功率电法、构造地球化学、岩石地球化学、汞气测量、土壤地球化学等方法。各比例尺物化探工作的精度要求须遵守同比例尺的物化探规范，各项改进、创新的计算程序必须经有资质的专家评审、认可后方可使用。

应开展一定数量的参数测定，布置一定的地质地球物理、地球化学综合剖面（已知剖面）作为物化探推断解释的依据。应充分利用普查、详查钻孔开展井中物化探工作。用作储量计算的测井资料，必须是定量解释的测井成果。

三、探矿工程

根据矿体产状、形态及地形条件合理选择勘探手段。

槽探、井探、硐探：深度应挖至基岩新鲜面，断面尽量平整；当浮土大于3m时已浅井或浅钻揭露，深度应至基岩，井壁应平整。地形有利时应用平硐探索浅部矿体的产状与矿化情况；地表工程密度应比深部工程加密一倍，必要时可用沿脉槽探或沿脉平硐等。

坑探：一般用于首采区或主要储量区，并尽量考虑为生产利用，对陡倾斜矿脉（尤其是薄板状矿脉）的沿脉坑道，应严格在脉内掘进，并按勘探线间距用穿脉坑道穿透矿体。

钻探：岩心平均采取率不低于70%，矿体及其顶底板3～5m的围岩、近矿蚀变带、控矿构造标志层的采取率不低于80%。若连续有两个回次（或厚大矿体中连续5m以上）采取率低于80%，必须采取补救措施。岩心应尽量保持原状，特别注意矿心被粉碎后可能造成的贫化或富集的假象，为此，对多脉带矿体及破碎带控制的矿体，应严格控制钻探回次进尺的长度与钻进时间；穿矿孔径要满足取样要求，必须按照有关规程的质量要求，测量钻孔顶角和方位角，做好钻孔测斜、孔深校正、简易水文地质观测、原始记录、封孔及岩心保管等工作。钻孔弯曲度必须符合规程和地质设计要求，钻孔方位角偏斜距离的允许范围不能超过勘探线间距的五分之一，偏斜超过时要及时设法补救，见矿点（及厚度大于30m的矿体出矿点）应测定钻孔弯曲度。

第二章　采矿技术与装备

我国的锑矿资源，除湖南锡矿山锑矿属特大型锑矿外，锑金属储量在10万吨以上的锑矿有广西大厂矿、甘肃岩湾锑矿、云南木利锑矿、贵州半坡锑矿等，此外还有一些中、小型锑矿，如湖南湘西金矿、贵州晴隆锑矿、湖南桃江板溪锑矿、湖南龙山金矿、湖南安化渣滓溪锑矿、广西马雄锑矿、湖南曾家溪钨锑矿、江西德安锑矿。

从1950年开始，我国锑工业采矿技术与装备有计划、有重点地进行了改革，使采矿工艺及技术装备落后的局面有了很大的改变。

20世纪50~60年代，矿床采矿方法主要为普通房柱法、留矿法、全面法等空场采矿法，该类型采矿方法采场生产能力为50~100t/d，采掘比为20~30m/kt，开采损失率高达15%~30%，因其工艺简单、通风良好、作业安全而被广泛应用。空场采矿法最大弊端是随着采空区的日积月累，许多空区连成一片，以致出现大面积剧烈地压活动，影响矿山的正常生产。为了有效地回收利用国家宝贵的矿产资源，保证矿山开采生产安全，20世纪70年代末，锡矿山闪星锑业作为锑业采矿技术发展的领跑者，率先试验推广应用了胶结充填采矿法。目前，该采矿方法工艺技术已趋于成熟，其技术进步表现在下列两个方面：在回采工艺上，采用空场回采，嗣后一次充填，即采场垂直矿体走向布置，沿走向划分为矿房和矿壁，均采用空场法回采，先采矿壁，嗣后用混凝土一次性充填空区，后采矿房，其空区用分级尾砂或废石充填。它的显著优点是矿壁胶结充填体具有较高的强度，可用以支撑采场顶板，改善矿房的回采条件，与矿房充填的尾砂（废石）共同防止地表沉降。在充填工艺上，将普通混凝土充填工艺改为块石胶结充填工艺，即把块石先行填入空区，再在块石中灌充水泥砂浆，由于输送工艺是水泥砂浆和块石的分离输送，在工作面自流混合，而不同于胶结充填法把碎石和水泥砂浆用搅拌机混合后用管道输送至工作面，骨料粒度要求不严，废石不用再加工就可直接充填。它具有充填能力大、水泥用量低的优点，满足充填体的强度要求，而且有条件的采场可利用井下废石就地充填。该采矿方法经过不断完善，工艺简单可行、安全可靠、成本低、综合经济效益较高，应用发展前景广阔。

锡矿山南矿采用上盘竖井开拓法，目前有竖井一对，一号副井井筒直径3.6m，井深160m，料石砌筑，提升设备为2BM1600/824型卷扬机，配二号双罐笼，该井主要用于运送人员和材料。二号主井为箕斗罐笼混合提升井，井筒直径4.5m，井深397m，料石砌筑。箕斗提升系统配有$KJ_2 \times 3 \times 1.5m$卷扬机和$1.8m^3$双箕斗，可分别提升矿石和废石。矿石提升能力每天为1300～1400t，提升废石能力每天为300t；罐笼提升系统配有2BM2500/1220卷扬机和二号双层罐笼，主要用于运送人员和材料。该矿中段高度一般为36m，同时作业的中段数目为4～5个。井巷掘进设备中，平巷机械化作业线，采用PYT-2C型台车打眼，CCZ-100A型铲装机配XSD-4型梭车装岩。在一般平巷掘进作业中采用YG-40型导轨式或7655气腿型风钻打眼；华一型装岩机配$1.2m^3$侧卸式矿车出碴；天井掘进采用YSP-45型风钻打眼；平巷运输普遍采用3～7t架线式机车。

该矿由于大部分为缓倾斜矿体，采矿方法主要采用房住法，对中等厚度的矿体一般采用留规则矿柱的普通房柱法或人工壁柱房柱法。人工壁柱房柱法的特点是沿矿体走向将矿体划分成许多矿房和矿壁，矿房宽度为10～12m，顶板围岩稳固的可达14m，矿壁宽度6～8m。首先回采矿壁，采用混凝土或水泥砂浆等胶结性材料进行充填，造成人工壁柱，然后在人工壁柱的支撑下回采矿房。该法的优点是矿石回采率可高达85%～95%，可用于开采经济价值和品位较高的矿石。另外由于胶结充填体的强度高，有利于控制采空区周围的岩层移动，因此适用于开采河床下面的保安矿柱，为金属矿山的“三下”（建筑物、铁路、水体）采矿提供成功经验。对于厚度为2～3m的矿体，由于顶板的稳固性差，一般采用金属锚杆护顶的杆柱房柱法开采。

几种采矿方法普遍采用深度2～2.5m浅孔落矿，用30～55kW电耙出矿。使用房柱法开采的矿区，开采后将会留下大量的采空区，为了对采空区进行及时的处理，采用充填的方法，这样既可消除地压灾害，又提高了采矿回收率，取得了显著的社会效益和经济效益。锡矿山南矿已建起了立式尾砂仓为主体的现代化充填工艺系统和自动控制物料的设施，可同时进行尾砂充填和胶结充填，每小时充填能力达70～80m^3，各种充填参数都通过电子仪表进行自动检测和控制。在通风系统方面，全矿现有四个通风井，采用抽压式通风方法，整个通风系统采用了微电脑自动监控装置。

湘西金矿沃溪矿区，采用斜井、竖井联合开拓。主斜井位于中央底盘围岩中，全长 1100m，采用 $6m^3$ 箕斗提升，垂深 350m 的竖井及斜长 780m 的斜井共同作为下放人员、材料的副井。中段垂高 25m，分上下两个采区，14 个中段同时作业。中段间采用集中溜井放矿方式。矿区东西两翼各有一个通风井，采用抽出式通风，构成分区又不独立的通风系统。地面及井下各设有一个相互连通的压气站，供风能力为 $240m^3/min$，井下每四个中段设排水站一个，分段接力排水，最大排水能力 $690m^3/h$，昼夜排水量 $3700m^3/d$。主要的采矿方法有：削壁充填法、房柱法、尾砂密接充填法。三种采矿方法使用的比例为 55%、22%、23%。近年来，该矿又实验成功长锚索预控顶连续分条尾砂充填采矿法，这种方法与削壁充填法比较具有高效、安全和经济效益好等优点。

其他地方中、小锑矿，大部分由于地质资源情况不清楚，加上资金和技术力量的限制，开拓系统和采矿方法一般都不太正规，除个别矿山采用凿岩机打眼、电机车运输和装岩机装矿外，还有少部分矿山目前仍限制在地表开采。有些矿山虽转入地下，但仍采用手锤打眼爆破，人力或畜力运输矿石；部分矿山的采矿方法仍用留不规则矿柱的房柱法。有些矿山则采取边掘、边采的巷道采矿，这种方法工效低，主要靠发现富矿体，不打更多的采准巷道，给今后正规开采带来困难。总之，大部分地方中、小矿山的开拓、采矿方法仍然比较落后。

采矿技术的进步与采矿设备的发展是密不可分的。我国的锑金属矿山采矿设备发展至今，采矿设备从整体来说仍然还停留在20世纪60~70年代的水平，制约了采矿技术的长足发展。目前，采矿钻凿设备一般为风动气腿式凿岩机，采场出矿使用电耙绞车，坑内运输为有轨矿车运输。随着中、小型铲运设备的研制与完善，不久的将来，地下无轨设备作业将得到广泛的应用和发展。

第三章 选矿技术和设备

第一节 锑矿石选矿方法

锑矿石的选矿方法主要有手选、重选、浮选、化学选矿以及各种选冶联合处理工艺。具体矿石的选矿工艺，应根据矿石类型、矿物组成、结构构造和有用矿物的工艺粒度等物理化学性质进行选择，此外还应考虑矿石中有价组分含量的高低及锑冶金技术的要求等因素。其中以采用浮选的选矿厂为最多，其次为手选，采用重选的选矿厂较少，一般只用于硫氧混合矿、多金属矿和作为预选作业的选矿厂；大多数选矿厂都采用联合流程，如手选—浮选流程，手选—重选—浮选流程。

一、手选

锑矿物大多具有粗大结晶或块状集合体，且颜色、光泽与脉石不同，易于识别。将矿石洗矿分级，在入选品位

1.5%左右和入选粒度25~150mm的条件下，手选能产出品位为40%以上和5%左右的适合冶炼要求的精矿，并能丢弃尾矿。由于手选具有作业成本低、流程简单、回收率高等特点，世界上一些产锑国的选矿厂，如中国、南非、玻利维亚等都采用手选。

手选回收率一般为90%~93%；尾矿品位低，为0.13%~0.24%。手选作业成本比浮选和重浮选都低，其原因主要是流程简单，设备数量少，且各项消耗少。

手选作业选别段数一般为二段，也有三段的。窄级别手选比宽级别手选的效果好，回收率高。洗矿是手选的重要准备作业，洗矿的好坏对手选效果特别是回收率影响极大。手选的缺点是富矿比仅为3~5倍，其次是劳动生产率低、劳动强度大。

二、重选

锑矿物不论是辉锑矿或氧化锑矿如黄锑华、红锑矿、锑华等，其密度在4.60g/cm^{3}以上，而脉石密度介于2.6~2.65g/cm^{3}之间，其等降比值为2.16以上，属按密度分选的易选和极易选矿石。但锑矿物中的水锑钙石，密度为3.4g/cm^3，等降比值仅1.29，属难选矿石。不过此种矿石数量很少，影响不大。同时锑矿物为不均匀嵌布，当矿石破碎到一定粒度，即有大量脉石解离，如锡矿山南选厂硫化锑矿石，当其破碎到70~30mm时，单体脉石占64.8%~89%，又如锡矿山采选厂硫氧混合锑矿石，当其破碎到50~30mm

时，单体脉石占77.8%～89.4%。用重选法对锑矿石进行选别可获得一定的选别效果。但由于锑矿物硬度小、性脆、抗压强度低，而脉石、围岩抗压强度高，在破碎过程中容易产生泥化，现有重选设备对原、次生细泥（小于0.074mm），特别是小于0.04mm粒级的回收率很低，使重选在锑选厂的应用受到一定的限制。

氧化锑矿浮选还处于研究阶段，选矿方法以重选为主。

现阶段用于锑选厂的重选方法有重介质选矿、跳汰选矿、摇床选矿等，溜槽选矿近年主要用于选锑尾矿的回收。

（一）重介质选矿

重介质选矿的优点是节能、降低选矿成本和扩大处理能力。在锑选矿流程中处理4～35mm粒级的矿石，可产低品位精矿送浮选处理，废石选出率为30%～40%，回收率为91%～95%，选矿成本约为浮选的50%。

我国大厂长坡选厂、木利锑矿选厂分别于1966年、1989年实现重介质选矿，锡矿山南选厂也曾于1975年实现重介质选矿。大厂长坡选厂处理脆硫锑铅矿和木利锑矿选厂处理硫氧混合锑矿均采用重介质旋流器，介质分别为砷黄铁矿和赤铁矿，都获满意效果。

（二）跳汰选矿

跳汰可选性研究曲线表明：硫化锑矿或硫氧混合锑矿石均属中等可选性矿石，它们在一定粒级条件下可获得较高品位的精矿，却难以丢弃尾矿，其作业回收率为50%～60%。跳汰目前只用于处理浮选难以处理的氧化锑或硫氧混合锑矿石。

我国锑选厂中有锡矿山采选厂和木利锑矿选厂两个硫氧混合锑矿选厂采用跳汰处理0~18mm、0~6mm及0~2mm粒级的矿石，获得品位为30%~40%的精矿，但不丢尾矿。跳汰一般分三级（8~18mm、2~8mm、0~2mm）进行。

（三）摇床选矿

在我国，摇床一般只在硫氧混合锑矿选厂才采用，如锡矿山采选厂和木利锑矿选厂。此外锑的多金属选矿厂也有采用摇床选矿的，如湘西金矿钨锑金选厂采用摇床回收粗金和锑金精矿。锡矿山采选厂用摇床回收浮选尾矿中的氧化锑矿，木利锑矿选厂则用摇床回收跳汰尾矿中的锑矿。

摇床富集比高，用摇床可获得高品位精矿，但回收率低，仅30%~40%。为获得较高的分选效果，入选前必须对物料进行严格的分级，通常采用水力分级机或水力分级箱分级。

（四）溜槽选矿

溜槽选矿还处于研究阶段。溜槽是一种回收下限粒度比摇床低的有效选矿设备，对它进行了大量的研究，结果表明：溜槽对锑矿石特别是对硫氧混合锑矿是有效的。

三、浮选

对锑矿石而言，浮选是最主要和最普遍被采用的一种选矿方法，国内外所有硫化锑矿、硫氧混合锑矿和锑的多金属矿选厂都采用了浮选。浮选具有精矿品位高、回收率高的特点，虽然其作业成本高、电耗高，但仍然是使用最广泛的一种方法。我国于 1956 年即开始对硫化锑进行了浮选研究，效果很好。

（一）辉锑矿浮选

辉锑矿为易浮矿物，但由于其破裂的解理面有弱键、强键之分，使辉锑矿有易浮、难浮两类，但以易浮为主。对难浮的需预先活化，才能获得较高回收率。辉锑矿浮选一般在中性矿浆自然 pH 值中进行，在碱性矿浆中难浮。pH 值越高，回收率越低。有试验资料表明：辉锑矿在弱酸性 pH = 5.4 矿浆中浮选效果最好，可获得比中性矿浆中更高的回收率和精矿品位。

辉锑矿捕收剂有阴离子捕收剂和油类捕收剂两种，以阴离子捕收剂为主，油类捕收剂仅作为一种辅助添加剂。阴离子捕收剂有黄药、黑药两类。油类捕收剂有煤焦油、页岩油、煤油等。选矿厂一般都不使用油类捕收剂，因其虽能降低药剂成本，但由于选择性差，降低了浮选精矿品位，现锡矿山南选厂使用煤焦油。捕收剂常采用混合用药如乙、丁黄药，乙硫氮、丁黄药，丁黄药、黑药，丁黄药、丁铵黑药等。

辉锑矿活化剂以铅盐为主，硫酸铜次之。铅盐为炼锑杂质，影响锑品质量，一些浮选厂正寻找其他代用品。起泡剂以松醇油为主，国外用 MIBC（甲基异丁基甲醇），目前一种新松醇油已代替松醇油广泛应用于浮选厂。

（二）氧化锑浮选

氧化锑矿属难浮矿物，目前国内外都处于试验研究阶段，尚无工业实践。

（三）多金属锑矿浮选

多金属锑矿矿石通常通过浮选，实现锑与其共生金属分离，如锑、砷、金的分离等。

（1）优先浮选分离。此法可分浮金（砷）抑锑法和浮锑抑金（砷）法。如美国爱达荷（Idaho）锑选厂采用氢氧化钠强碱介质中磨矿抑锑，添加硫酸铜活化浮选黄铁矿和毒砂（金、砷）之后，再用醋酸铅活化浮选辉锑矿，实现锑砷分选。

（2）混合浮选再分离。先浮锑砷（金）然后再抑砷浮锑或抑锑浮砷，如龙山锑选厂和苗龙锑选厂。在 pH 值为 7.5 时，用硫酸铜、硝酸铅作活化剂，黑药和黄药作捕收剂，进行锑砷金混合浮选，混合精矿用碳酸钠、硫化钠调 pH 值至 11，抑锑浮砷（金）达到锑砷（金）分选。

（3）用丁基铵黑药为捕收剂实现锑砷分离。此法是利用该药对辉锑矿选择性好，捕收能力强，而对毒砂捕收能力弱的特性来实现锑砷分离的，如板溪锑选厂等。

第二节　锑矿石选矿厂实例

一、锡矿山南矿选厂

锡矿山南矿选厂位于湖南省冷水江市内，于 1968 年建成投产，原矿由南矿2号竖井供给。

该矿区主要矿物为辉锑矿，分块状、脉状、交错角砾、星点、晶洞五个构造类型，具有自形晶、他形晶等结构。伴生矿物为氧化锑矿和黄铁矿。黄铁矿呈立方体、五角十二面体，晶面上有纵纹结合成致密状或呈浸染状不均匀嵌布于硅化灰岩中，氧化锑矿含量极微。脉石以石英为主，石英在晶洞及其他裂隙中成自形、半自形晶产出，其次为方解石、重晶石、高岭土、石膏。围岩为硅化灰岩，其硬度大，并随硅化程度增加。此外，还有硫黄呈自形晶体致密状，在硅化灰岩裂隙中。锑矿物呈粗粒嵌布，1mm以上者占95.8%。

矿石矿物组成列于表4-1。

表4-1 锡矿山南矿选厂原矿矿物组成

矿物名称	辉锑矿	氧化锑	黄铁矿	石英	硅化灰岩	其他
含量/%	1.97	0.17	0.10	37.26	60.44	0.06

选矿方法现有手选和浮选两种，选矿流程如图4-1所示。主要选矿设备列于表4-2，浮选药方列于表4-3，主要技术指标列于表4-4。

表4-2 锡矿山南矿选厂主要选矿设备

分类	名称	规格型号	台数
破碎、筛分洗矿设备	颚式破碎机	PEF600×900	1
	圆锥破碎机	PYD-1200	1
	圆锥破碎机	CH430	1
	单螺旋分级机	高堰式 ϕ1.8m	1
	振动筛	SZZ800×1600	2
	耙式浓缩机	TW2-12	1

续表 4-2

分 类	名 称	规 格 型 号	台 数
磨矿、分级浮选设备	球磨机	MQG2100 × 2200	3
	球磨机	溢流型 2400 × 2400	1
	单螺旋分级机	FLG-1500	3
	双螺旋分级机	2FLG-1200	1
	浮选机	XCF Ⅱ-8/KYF Ⅱ-8	14
	浮选机	XCF Ⅱ-4/KYF Ⅱ-4	6
浓缩、过滤设备	耙式浓缩机	TWB-18	1
	压滤机		2

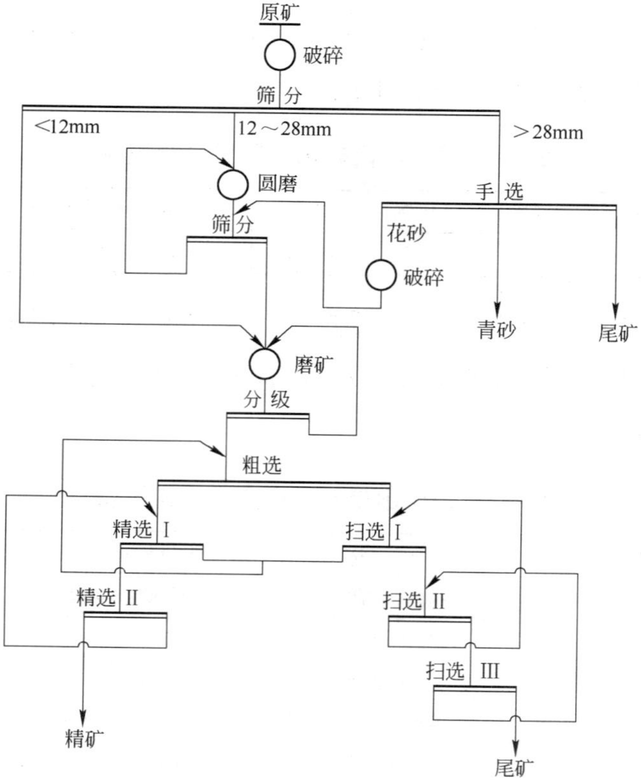

图 4-1 锡矿山南矿选矿工艺流程

表 4-3　锡矿山南矿选厂浮选药方

药　剂	辅助剂	活化剂	捕收剂 1	捕收剂 2	松醇油
用量/$g \cdot t^{-1}$	400	150	70	100	150

表 4-4　锡矿山南矿选厂主要技术指标

项　目	手　选	浮　选	全　厂
处理能力/$t \cdot d^{-1}$	290	790	1080
原矿品位/%	1.55	2.82	2.14
精矿品位/%	44	48	47.93
尾矿品位/%	0.19	0.21	0.21
回收率/%	91.0	92.59	90.54

二、锡矿山采选厂

锡矿山采选厂位于湖南省冷水江市内，于 1975 年建成投产，为硫-氧混合锑矿选厂，设计能力为 500t/d。原矿由该矿 2 号竖井供给。

该矿金属矿物主要为辉锑矿和黄锑华，其次为水锑钙石以及少量锑赭石、锑华、硫氧锑矿，还有少量黄铁矿、磁黄铁矿。其中，硫化矿和氧化矿大约各占一半。脉石以石英为主，其次为方解石、石灰石、重晶石、石膏、锆石、电气石、白云母、绢云母、绿帘石、自然硫等。围岩为硅化灰岩、灰岩和页岩。锑矿物在矿石中呈不均匀嵌布。

矿石矿物组成列于表 4-5。

表 4-5　锡矿山采选厂原矿矿物组成

矿物名称	辉锑矿	氧化锑矿	石　英	硅化灰岩	其　他
含量/%	0.895	0.895	55.1	37.11	6.0

选矿方法采用手选、重选和浮选三级分级选矿，选矿工艺流程如图4-2所示。主要选矿设备列于表4-6，浮选药方列于表4-7，主要技术指标列于表4-8。

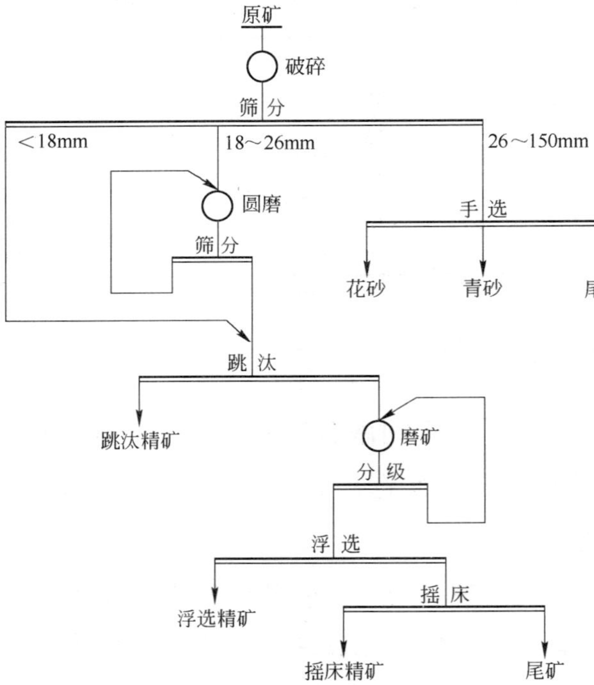

图4-2 锡矿山采选厂选矿工艺流程

表4-6 锡矿山采选厂主要选矿设备

分 类	名 称	规 格 型 号	台 数
破碎、筛分洗矿设备	颚式破碎机	PEF600×900	1
	圆锥破碎机	PYD-1200	1
	颚式破碎机	PEF250×400	1
	单螺旋分级机	FLG-1200	1

续表 4-6

分　类	名　称	规格型号	台　数
破碎、筛分洗矿设备	耙式浓缩机	TNZ-12	1
	振动筛	1250×2500（双层）	1
	振动筛	1250×2500（单层）	1
重选设备	隔膜跳汰机	600×900	4
	单螺旋分级机	FLG-1000	1
	摇床	6-S 型	11
	双螺旋分级机	2FLC-1200	1
磨矿、分级浮选设备	格子型球磨机	MQG2100×2200	1
	格子型球磨机	MQG100×1800	1
	单螺旋分级机	FLG-1500	1
	单螺旋分级机	FLG-1000	1
	浮选机	XJK-1. 1	14
浓缩、过滤设备	耙式浓缩机	TNZ-12	1
	压滤机		1

表 4-7　锡矿山采选厂浮选药方

药　剂	活化剂	捕收剂	松醇油
用量/$g \cdot t^{-1}$	150	300	150

表 4-8　锡矿山采选厂主要技术指标

项　目	手　选	重浮选	全　厂
处理能力/$t \cdot d^{-1}$	328	197	525
原矿品位/%	1. 29	2. 63	1. 79
精矿品位/%	6. 98	30. 0	11. 66
尾矿品位/%	0. 21	0. 64	0. 38
回收率/%	86	77	81. 1

三、板溪锑砷（金）选厂

板溪锑砷（金）选厂位于湖南省境内，该矿属低温热液裂隙类型。金属矿物主要为辉锑矿、毒砂、黄铁矿、黄锑华和微量的黄铜矿、白钨矿、自然金、孔雀石等。脉石以石英为主，其次为白云石、方解石、绢云母、绿泥石，此外还有微量的磷灰石和长石。锑矿物在矿石中呈粗细粒不均匀嵌布。

选矿方法为手选和浮选，选矿工艺流程如图 4-3 所示。主要选矿设备列于表 4-9，浮选药方列于表 4-10，浮选药剂试验列于表 4-11，主要生产技术指标列于表 4-12。

表 4-9 板溪锑砷（金）选厂主要选矿设备

分 类	名 称	规格型号	台 数
破碎、筛分洗矿设备	颚式破碎机	PEF250×400	1
	短头圆锥破碎机	PYD-900	1
	振动筛	SZZ1250×2500	1
	耙式浓缩机	TNZ-9	1
磨矿、分级浮选设备	格子型球磨机	MQG1500×1500	1
	单螺旋分级机	FLG-1000	1
	单螺旋分级机	FLG-1200	1
	浮选机	XJK-0. 62	12
脱水设备	耙式浓缩机	TNZ-6	2
	圆筒真空过滤机	$5m^2$ 外滤式	1

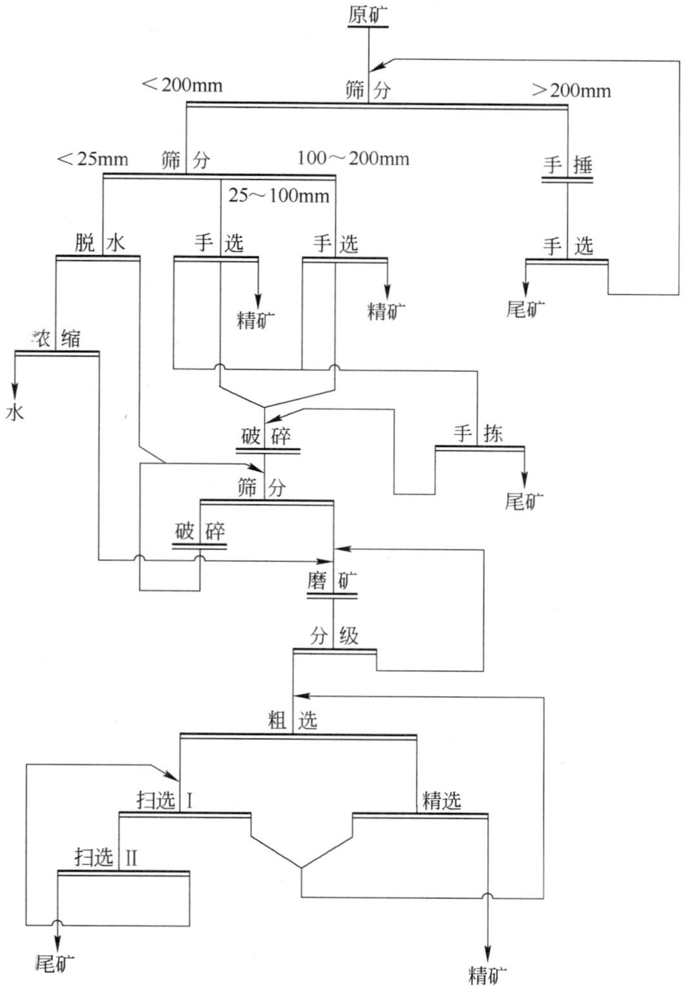

图 4-3 板溪锑砷（金）选矿工艺流程

表 4-10 板溪锑砷（金）选厂浮选药方

药剂名称	硫 酸	硝酸铅	丁基铵黑药	松醇油
用量/$g \cdot t^{-1}$	1450（pH = 4.8 ~ 5.0）	120	250	8 ~ 13

表 4-11　板溪锑砷（金）选厂浮选药剂试验

项　目		用丁基黄药作捕收剂	用丁基铵黑药作捕收剂	
			原有流程	分支串流流程
原矿	锑品位/%	3.2	7.07	6.57
	砷品位/%	0.58	0.54	0.52
精矿	锑品位/%	56	66.38	65.63
	砷品位/%	2.74	0.28	0.35
锑回收率/%		90	92.33	94.55
药剂制度/$g \cdot t^{-1}$		丁基黄药 645	丁基铵黑药 262	丁基铵黑药 151
		硝酸铅 230	硝酸铅 348	硝酸铅 214
		—	硫酸 1200	硫酸 2000
		松醇油适量	松醇油 13	松醇油 8

表 4-12　板溪锑砷（金）选厂生产技术指标

项　目		手选	浮选	全厂	项　目		手选	浮选	全厂
处理能力/$t \cdot d^{-1}$		100	200	300	尾矿品位/%	锑	0.5	0.42	0.447
						砷			
处理量/%		33.3	66.7	100	回收率/%		89	93.52	92.4
原矿品位/%	锑	4.2	6.47	5.71	电耗/$kW \cdot h \cdot t^{-1}$				15
	砷		0.43		水耗/$m^3 \cdot t^{-1}$				4
精矿品位/%	锑	69.85	64.39	60.26	钢球消耗/$kg \cdot t^{-1}$				1.26
	砷	0.28	0.51		衬板消耗/$kg \cdot t^{-1}$				3

第五篇

冶炼及加工技术与装备

新中国成立初期，中国的锑冶金还处于很落后阶段，冶炼技术主要是采用直井（或竖炉）焙烧炉氧化挥发处理硫化锑矿和反射炉还原熔炼工艺。1962 年，锡矿山矿务局试验成功了鼓风炉挥发熔炼新工艺，1965 年应用于工业生产后，迅速在全国许多锑冶炼厂推广，成为我国火法炼锑的主要设备。几十年来，以上两种炉型一直是国内大、小锑冶炼厂采用的主要生产设备。近几年来，由于国家锑产业政策调整及行业准入条件的提高，绝大部分锑冶炼厂都扩大生产规模，采用鼓风炉挥发熔炼工艺生产，基本上淘汰了直井焙烧炉工艺，这大大地提高了锑冶炼回收率及其生产能力，且生产装备向大型化发展，生产劳动强度从手工操作发展到机械化操作。随着计算机技术的普遍应用，逐步实现了自动化控制，从而促进了锑冶炼技术的进一步发展。1973 年，广西河池地区脆硫锑铅矿火法冶炼工艺试验的成功，对复杂锑矿石的处理开辟了一条新途径，它采用沸腾炉脱硫、鼓风炉还原熔炼、反射炉氧化吹炼、锑氧反射炉再还原熔炼精炼处理工艺。湿法工艺处理锑精矿在国内也曾得到了大规模工业化生产应用，如锡矿山矿务局在 20 世纪 80 年代建成的一条碱性湿法炼锑工艺，生产运行了几年，由于流程长且生产成本高，未形成大规模生产能力就被迫停产了，现在湿法工艺处理复杂锑精矿的应用研究得到广泛发展，在生产和科研领域形成了一定规模。

1958 年，锡矿山矿务局发明了锑白炉及其配套生产工艺，使得锑的加工技术得到了迅速发展，广泛应用于国内锑白生产。20 世纪末，锡矿山闪星锑业在传统的锑白生产工艺基础上，成功地研究出了一种新型锑白生产技术，该技术采用自热离液顶吹氧化挥发工艺生产三氧化锑，产品有高纯三氧化二锑、催化剂三氧化二锑等，将三氧化二锑进一步深加工为无尘三氧化二锑、乙二醇锑、五氧化二锑等，增加了锑品品种。

目前，我国锑冶炼与加工技术已非常成熟，国内 95% 以上的锑冶炼为火法工艺，而锑的加工技术主要也是火法工艺，其生产的产品为锑白及其系列深加工产品，装备水平已居世界先进行列。现最具代表性的是锡矿山闪星锑业有限责任公司处理硫化锑精矿的火法流程和广西河池地区处理脆硫铅锑矿的火法流程。

第一章 硫化锑精矿（或硫氧混合矿）的火法冶炼

在我国主要产锑地区，以硫化锑精矿（或硫氧混合矿）为原料的锑冶炼主要采用火法工艺，可分为锑精矿的挥发氧化粗炼过程和氧化锑的还原熔炼、精炼过程等主要工序。粗炼阶段产出的是中间产物锑氧（含 Sb_2O_3 80%左右），锑氧再经还原熔炼、精炼后产出金属锑产品或锑白原料。

第一节 硫化锑矿的粗炼工序

硫化锑精矿（或硫氧混合矿）粗炼过程的火法工艺有多种，但目前普遍采用鼓风炉挥发熔炼，仍有少数采用直井焙烧炉挥发焙烧和平炉挥发焙烧等淘汰落后工艺。品位低于20%的锑矿石适宜挥发焙烧处理，而高品位（Sb >40%）的锑精矿则大都选择鼓风炉挥发熔炼。

一、鼓风炉挥发熔炼

硫化锑精矿的鼓风炉挥发熔炼是基于 Sb_2S_3 易挥发、易氧化和生成的 Sb_2O_3 也易挥发的基本原理。锑鼓风炉是锑精矿粗炼氧化工序的关键设备。生产实践中，选矿提供的锑矿石和精矿有硫化锑和硫氧混合锑矿两大类，高品位锑块矿破碎至80mm以下，而粉状和微粒状的高品位浮选锑精矿，由于粒小不能直接进入鼓风炉，需要制粒或压团，制成直径8～16mm的粒子，经干燥、筛分后才能进入鼓风炉配料系统。在配料时，配入焦炭、铁矿石熔剂以及返料，送入鼓风炉内，在1100℃的高温下进行氧化挥发熔炼，生产采用低料柱、薄料层、热炉顶的技术操作。硫化锑绝大部分挥发氧化成 Sb_2O_3，而炉料中 Sb_2O_3 重新挥发进入烟气，脉石与熔剂造渣从炉缸排出，如处理含金锑精矿时，金富集在前床粗锑中。

2006年，锡矿山闪星锑业有限责任公司通过对南、北两个炼厂进行合并，将两座$3m^2$的鼓风炉废除，在北炼厂区改扩建成一座$4.5m^2$的鼓风炉，且同时进行富氧熔炼挥发技术创新改造。实践证明，锑鼓风炉采用富氧熔炼工艺，通过提高入炉空气的O_2浓度，可以大幅度减少入炉空气量，提升炉内温度，强化冶炼过程，使炉床能力从原来的$20t/(m^2 \cdot d)$提高到$35t/(m^2 \cdot d)$。同时，降低了烟气流量及烟气带走的热量，从而达到了节约能源、减少温室气体CO_2排放量的目的，取得了显著的经济效益和社会效益。

鼓风炉挥发熔炼工艺流程，如图5-1所示。

鼓风炉挥发熔炼产出物如下：

（1）锑氧。精矿中的Sb_2S_3在高温作用下显著挥发并与入炉空气中的O_2相遇发生快速氧化反应，生成的Sb_2O_3呈蒸气状态随炉气进入冷凝系统，经收尘得到锑氧。炉料中的Sb_2O_4是难熔、难挥发物，但在800℃温度下遇Sb_2S_3可还原转化成Sb_2O_3挥发，还可被还原剂C和CO还原成Sb_2O_3挥发。

（2）粗锑、锑锍。部分未挥发也未氧化的Sb_2S_3流入造渣区，与炉料中未被氧化的FeS造渣形成锑锍，流入前床。Sb_2S_3流经1100℃以上区域时，与来不及挥发的氧化锑发生还原反应，生成金属锑，除少部分氧化挥发外，大部分流至炉底进入前床，以粗锑产出或进入锑锍。

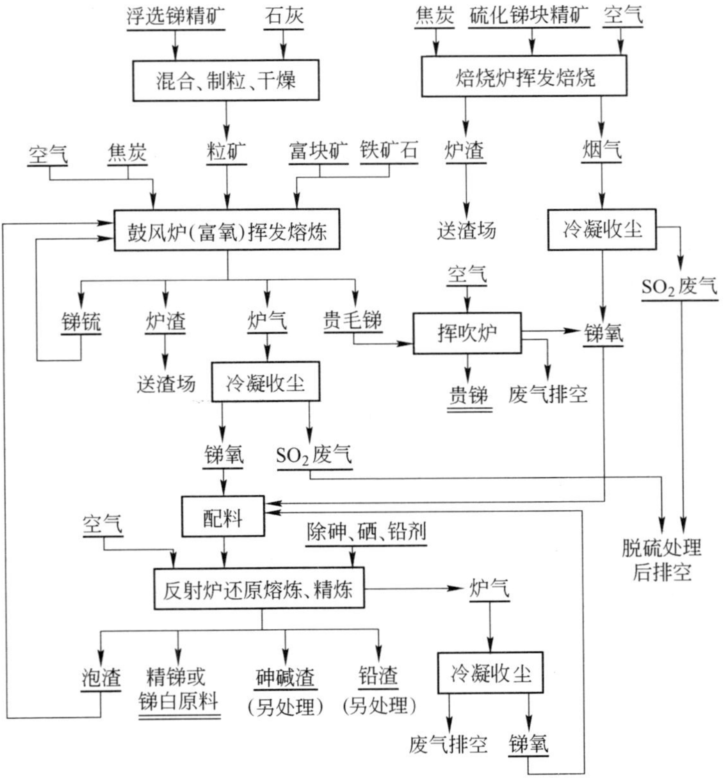

图 5-1　硫化锑精矿火法冶炼原则工艺流程示意图

（3）炉渣。生成以 SiO_2-FeO-CaO 为主的多元炉渣，渣型为 SiO_2 40% ~45%，FeO 20% ~25%，CaO 15% ~20%。

（4）SO_2 烟气（SO_2 <2%）。

（5）其他杂质。砷在硫化锑精矿中主要以 FeAsS 形态存在，挥发熔炼过程中发生氧化反应生成 As_2O_3 进入锑氧中，少量砷进入锑锍和粗锑中。铅在锑精矿中以 PbS 形态存在，在高温下氧化成 PbO 并显著挥发进入锑氧，少部分以 PbS 和

Pb 的形态进入锑锍和粗锑中。精矿中的 FeS_2 和 FeAsS 以及分解出的 FeS，在炉内难于氧化，成为锑锍的组分。造渣熔剂 Fe_2O_3 则与精矿中 SiO_2、Al_2O_3 和石灰石造渣。

挥发熔炼主要设备有：4.5m^2 鼓风炉，炉顶加料装置，皮带给料系统，前床，冷凝收尘系统（由鹅颈、火柜、换热器、汽化冷却器、表面冷却器、引风机和布袋收尘室组成）。

鼓风炉挥发熔炼之所以能得到较快的发展，主要有以下几个特点：

（1）对原料的适应性强，既能处理硫化矿，也能处理氧化矿和硫氧混合矿。无论是块精矿或粉精矿（先制成团矿），甚至是炼锑厂的中间产品或其他含锑较高的物料，如泡渣、锑渣、生锑渣、炉底砖渣等，均可入炉处理。

（2）适于处理高品位锑精矿（含 Sb 最好高于 40%）。精矿品位越高，经济效果越好。

（3）鼓风炉挥发熔炼时，精矿中的锑绝大部分挥发进入锑氧，锑的挥发率一般在 90% 以上，在处理较纯净的锑精矿时，产出的锑氧含锑可达到 80% 左右，与挥发焙烧产出的锑氧相近。

（4）与焙烧炉比较，鼓风炉生产能力较大（按处理金属锑含量计，生产能力大 18 ~ 20 倍），回收率较高，可达 95% ~97%。

二、焙烧炉挥发焙烧

锑矿石和精矿的氧化挥发焙烧可在各种焙烧炉内完

成，例如各种竖井炉、平炉、回转窑，但在中国普遍采用的是直井焙烧炉。冶炼方法基于 Sb_2S_3 易挥发、易氧化和生成的 Sb_2O_3 也易挥发的基本原理，把锑矿加入焙烧炉内，同时加入焦炭升温，从炉底下面通入空气，在950℃的高温下进行挥发氧化焙烧。其工艺流程如图 5-1 所示。

焙烧产物有：锑氧，炉渣，SO_2 烟气（$SO_2<1\%$）。

主要设备有：20.0m^2 六联直井焙烧炉，加料装置，排料装置，冷凝收尘系统。

直井焙烧炉挥发焙烧的优点是：设备简单，投资少，见效快；产出的 Sb_2O_3 质量好；原料制备简单，生产成本低。

缺点：炉床单位处理能力低；原料适应性差，不宜焙烧富锑矿、高品位精矿、硫氧混合矿及低熔点脉石硫化矿；渣含锑高，回收率低；劳动强度大，劳动条件差。

以闪星锑业现有生产装备为例，其鼓风炉和焙烧炉的主要经济技术指标见表 5-1。

表 5-1 鼓风炉、焙烧炉主要经济技术指标

项目名称	鼓风炉	直井炉
入炉锑原料平均品位/%	39～45	6.0～9.0
炉床能力/$t\cdot(m^2\cdot d)^{-1}$	34～38	3.0～3.5
焦率/%	23～26	5.0～6.8
渣含锑/%	0.9～1.25	0.8～1.3
回收率/%	95.8～96.3	82～84

第二节 氧化锑还原熔炼、精炼工序

挥发焙烧或挥发熔炼所得的三氧化锑是一种中间产物，必须进行还原熔炼和精炼才能得到金属锑，一般采用反射炉设备进行熔炼，它是火法炼锑的第二道主要工序，其工艺流程包括：锑氧反射炉熔化和还原、粗锑精炼、高温炉气的冷却和收尘。

一、工艺原理

氧化锑的还原熔炼多在反射炉中进行，现在绝大多数采用无烟煤，极少数采用木炭作还原剂。其主要化学反应式为：

$$Sb_2O_3 + 3C = 2Sb + 3CO$$

$$2Sb_2O_3 + 3C = 4Sb + 3CO_2$$

$$CO_2 + C = 2CO$$

$$Sb_2O_3 + 3CO = 2Sb + 3CO_2$$

在还原过程中，原料内含有的各种杂质金属氧化物，大都被还原成金属进入锑中，其中最常见的是 As_2O_3 和 PbO，所得的金属锑只能是粗锑，需要精炼脱砷除铅。在精炼过程中，加入除砷、除铅剂进行除杂，得到合格的金属锑。其工艺流程如图 5-1 所示。

二、主要设备

主要设备有：18.0m^2 反射炉，加料装置，冷凝收尘系统，锑锭铸锭机。

第二章　脆硫锑铅矿的火法冶炼

我国广西等地区蕴藏着大量锑、铅、锌、锡等共生的复杂多金属硫化矿，这类矿石一般不能通过选矿获得单独的锑精矿，而只能得到以脆硫锑铅矿为主的锑铅精矿，一般化学成分为：Pb 20%～33%、Sb 15%～27%、S 19%～26%、Zn 5%～9%，此外，还伴生少量的 Cu、Ag、Bi、Sn、As 等金属。

第一节　生 产 工 艺

目前，广西河池地区处理脆硫锑铅精矿的主要方法仍然是火法流程，即沸腾炉焙烧脱硫—鼓风炉还原熔炼—反射炉氧化吹炼再还原熔炼工艺。脆硫锑铅精矿经沸腾炉焙烧脱硫，焙砂配料二次烧结，而后经鼓风炉还原熔炼，产出铅锑合金；铅锑合金经反射炉氧化吹炼，得到锑氧粉和底铅，使铅锑分离；锑氧粉再经反射炉还原、精炼生产精锑；底铅经氟硅酸铅电解生产电铅，银被富集在阳极泥回收。根据具体情况，反射炉氧化吹炼—还原熔炼可能需要进行两次，即铅锑合金经第一次氧化吹炼—还原熔炼得到粗锑，粗锑再经第二次氧化吹炼—还原熔炼得到精锑。近年来，由于采用了高效除铅剂，一般不再需要进行第二次氧化吹炼—还原熔炼。

沸腾炉焙烧—鼓风炉还原—反射炉氧化吹炼再还原熔炼工艺处理脆硫锑铅精矿的优点是：对原料的适应性强，无论原料是多金属的硫化矿还是氧化矿均可适用，解决了复杂锑铅精矿的利用问题，且硫化矿沸腾焙烧获得的烟气 SO_2 浓度高，有利于制酸。但缺点是：流程长，锑、铅分离不彻底，存在返料多、锑的直收率低、铅和银的回收率低等问题，不能生产高质量的精锑。针对上述问题，还研究了一些其他的火法冶炼处理方法，如苏打熔炼—直接还原法、还原造锍熔炼法、鼓风炉挥发熔炼法、选择性挥发分离锑铅法以及低温固硫直接还原法等。脆硫锑铅精矿火法冶炼的原则工艺流程，如图 5-2 所示。

第二节 主要产物与设备

一、主要产物

主要产物有：精锑产品，还原渣、除铅渣、砷碱渣，粗铅，炉渣，SO_2 废气。

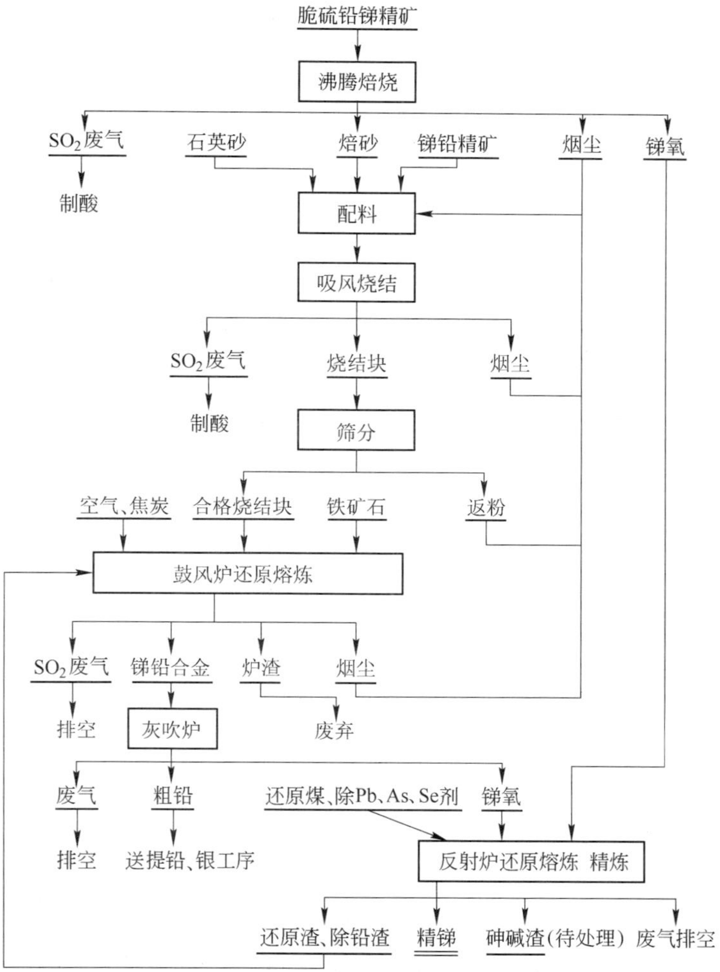

图 5-2　脆硫锑铅精矿火法冶炼原则工艺流程示意图

二、主要设备

主要设备有：沸腾炉，烧结炉，鼓风炉，挥吹炉，反射炉，收尘系统设备，制酸设备。

第三章 锑的加工技术与设备

锑深加工产品主要有：三氧二锑（俗称锑白）、锑酸钠、二乙醇锑、五氧化二锑等。目前85%以上锑的深加工为三氧二锑系列产品，锑的加工技术在三氧化二锑生产工艺方面的发展尤为突出。1958年，锡矿山矿务局发明了锑白炉及其配套生产工艺，开创了中国采用金属锑作原料加工三氧化二锑的历史。由于三氧化二锑及其系列深加工产品广泛应用在橡胶、塑料、纺织等领域作阻燃剂，以及在玻璃澄清剂、聚酯催化剂等方面的应用，使得锑品产量显著增加，加工技术迅速发展。

第一节 锑白生产工艺

锑白生产有火法和湿法之分，目前95%以上采用火法。火法又以间接法生产为主，该工艺以金属锑为原料，通过熔化、氧化挥发冷却收尘得到主成分含量大于99.50%的三氧化二锑。间接法的锑白炉又分为自热式和外热式两种，外热炉是靠外供热源保证生产过程的正常进行，而自热炉是利用锑液氧化放出的热量维持作业温度，我国锑白生产大多采用反射式自热锑白炉。

金属锑生产锑白，主要包括三个过程：一是金属锑液的氧化挥发；二是三氧化二锑蒸气的骤冷及收集；三是后处理及包装。当锑白炉内金属锑加热熔化，且熔液温度达到900℃时，向锑液中鼓入空气，锑液氧化挥发并放出大量的热，可继续熔化金属锑并维持反应连续进行。其反应式为：

$$2Sb + \frac{3}{2}O_2 = Sb_2O_3 \qquad \Delta H = -642.45kJ/mol$$

反应要尽量在900℃以上进行，以便于抑制 Sb_2O_4 的生成。

原料金属锑中，常含有As、Pb、Fe、Cu、S、Se、Bi、Sn等杂质。根据其氧化挥发的程度，在作业温度下，易于氧化挥发的杂质如As、Pb、Bi等以氧化物形态与 Sb_2O_3 蒸气一起从炉内排出，冷凝于 Sb_2O_3 中，从而降低主成分 Sb_2O_3 的含量。Se以 SeO_2 形态进入锑白，Cu、Ni、Ag、Au等蒸气压小的杂质元素，绝大部分富集于熔池底水中。Fe、S易于造渣而浮于锑液表面，绝大部分进入泡渣中。

锑白生产工艺原则流程图，如图5-3所示。

第二节 锑白产品及生产设备

一、产品

锑白炉产品是三氧化二锑，俗称锑白，以及副产物次锑氧、浮渣、结氧、残锑。

二、锑白生产设备

主要设备有：2.2m^2 锑白炉，空压机，混合机，引风

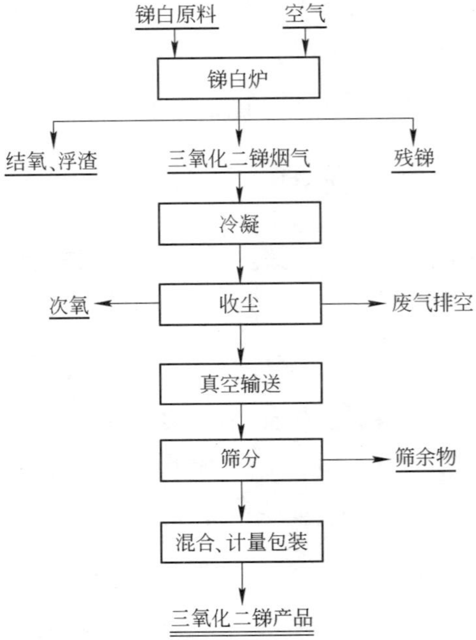

图 5-3 锑白生产工艺原则流程图

机，布袋收尘器，表面冷却器，筛分机，自动包装机。

第三节 锑白新工艺新炉型的应用

随着科技的发展，锑白市场对锑白的质量要求越来越高，品种多样化，原来的老式锑白炉难以满足市场发展的需求。锡矿山闪星锑业公司经过多年的试验研究，于 20 世纪末，成功研究出了一种自热、多品种、自动控制的新型锑白炉，采用离液顶吹自热法生产工艺。锡矿山闪星锑业公司已成功应用此工艺对锑白生产系统进行了“二合一”技术升级改造，建成了 3 万吨/年三氧二锑生产线，它是目前世界上规模最大、规格品种最齐的三氧化二锑生产厂。该工艺采用精锑作原料，加入锑白炉内自热氧化挥发，通过布袋收尘—筛分混合—自动计量包装等工序，产出高纯三氧化二锑、催化剂三氧化二锑、超细三氧化二锑、粗颗粒三氧化二锑等优质产品，改变了我国只能生产低端三氧化二锑的历史。

顶吹自热法生产锑白新工艺具有如下优点：

（1）产品质量高、品级多；

（2）能耗低，生产效率高、直收率高、成本低，具有较强的竞争优势；

（3）工艺过程易于控制。

目前，我国是世界上最大的锑品生产国和消费国，近二十年来，锑冶炼与加工技术得到了飞速发展，整体处于世界先进水平。

第六篇

技术进步、创新与新材料

第一章　中国锑业技术进步与创新

第一节　中国锑业采矿技术的进步与创新

中国锑业采矿技术的进步与创新以锡矿山锡矿、华锡大厂矿、辰州矿业等为重点，开展了产、学、研相结合的科学研究试验和技术革新活动，使生产工艺、设备的改革取得可喜的成绩，取得了一批突出的科研成果。这批成果的应用对改革中国锑业生产技术面貌起到了重要作用，具体介绍如下：

（1）杆柱护顶房柱法和杆柱护顶砂浆充填人工壁柱房柱法的试验成功，对我国锑矿山的发展起了重大作用。锡矿山锑矿与长沙矿山研究院合作，在顶板不稳固的缓倾斜薄矿体中成功地试验了杆柱护顶房柱法（又称杆柱房柱法），使薄矿体的采矿回采率由原来的40%～50%提高到70%～75%；在缓倾斜薄矿体中成功试验和推广的杆柱护顶砂浆充填人工壁柱房柱法，使薄矿体的回采率上升到81.6%；与长沙矿山研究院合作，在采选厂试验成功了楔管式金属锚杆。试验证明，这种锚杆无论从锚固力、护顶的安全性、经济效益等都优于原来的楔缝式金属锚杆。两者相比，每万吨采矿量可节约成本0.5万元。楔管式锚杆是一种具有良好性能的新型锚杆，达到了国内先进水平。

（2）削壁充填法和浅孔房柱法在辰州矿业试验成功。辰州矿业沃溪矿区使用削壁充填法开采缓倾薄矿体。该法利用削取的围岩进行采空区充填，既减少了贫化矿石的运输和选矿费用，又能控制地压活动，在技术上比较合理、经济上比较合算。削壁充填法已经成为该区的主要采矿方法，目前所占的比重为70%～75%。对带网脉状矿体的开采，初期也曾用削壁充填法，但由于矿体较厚，在回采过程中，充填料来源不易解决，安全性差、劳动强度大、生产效率低，不能满足生产发展的要求。试验应用浅孔房柱法，获得了较为满意的经济效果。

（3）河床保安矿柱开采的研究在锡矿山锑矿取得成功。锡矿山锑矿成功地将人工壁柱房柱法用于开采南区河床和建筑物下中厚矿体。在长沙矿山研究院的帮助下，经过近十年的反复实践，逐步解决了充填料配比、输送、充填回采工艺等一系列技术问题，形成了现在在中厚矿体中较普遍采用的人工壁柱房柱法。该法采矿回采率达到90.2%，比普通矿柱房柱法提高18%，每年可以多回收锑金属1830t。采矿贫化率达11.48%，比普通房柱法又下降5.49%。

（4）地压活动规律及其控制方法的研究成果已应用于

实践。锡矿山锑矿南矿由于长期用空场法开采，在坑内形成了大量的空洞。1965 年先后两次发生了规模较大的地压活动，给矿山生产和安全带来了严重的威胁，对矿产资源造成了重大的损失。该矿从 20 世纪 70 年代初开始，在长沙矿山研究院和武汉安全技术研究所的协作下，对南矿区河床下开采地压规律及其控制方法进行了研究，摸索了地压活动的基本规律及其控制方法。

（5）矿井通风自动控制及主扇叶片的改造应用于生产。为了改善矿山井下通风条件，以锡矿山锑矿为首在长沙防护研究所、湖南冶金研究所等科研单位的协作下，经过多年的试验研究成功地采用了主扇串能调整、风量自动调节和局扇集中控制的新技术。集中监控包括井下通风设备、设施和遥控、遥信，通风参数遥测、遥控及工作状态信息采用成频分别的单频信号，通风参数信息转换成直流信号，两种信号通过同一传输线路进行传输，并对不同的直流信号进行巡回检测。现已实现对主扇、局扇、采矿场自动风门、普通风门以及风量调节装置进行遥控和遥信；对矿井的风量、风压、主扇电机和轴承温度进行遥测、自动报警和自动记录；在控制台及模拟图上显示设备工作状况。该系统具有 160 个通道，遥控距离已达 3000m，遥测距离 200000m，测量误差符合通风测量要求。

（6）长锚索预控顶连续分条尾矿充填采矿法试验成功。湘西金矿与长沙矿山研究院合作，在 1～2m 厚的矿体中试验成功长锚索预控顶连续分条尾矿充填采矿法。该法具有生产能力大、工效高、回采率高（96%左右）、安全条件好等优点，与房柱法比较有较高的经济效益。

（7）尾矿似膏体充填工艺技术在锡矿山锑矿试验并成功应用。锡矿山锑矿原有胶结充填系统由水泥浆输送系统、尾矿分级系统、搅拌制浆系统组成，由于充填浆料采用自流输送，存在充填质量浓度过低（30%左右）、水泥消耗量过大（200kg/m^3）、采场充填脱水量大、充填质量低、污染井下环境等缺陷，试验应用尾矿似膏体充填工艺系统。该充填工艺似膏体质量浓度达到76%，充填体强度达到1.5MPa。自2011年下半年开始试验，2012年6月试验成功，目前已在南矿、采选厂浅部采空区充填中全面推广应用。

（8）添加粉煤灰替代水泥以降低胶结充填成本。胶结充填的主要缺点是充填成本过高。胶结充填材料成本中，水泥费用占60%～80%，因此，降低胶结充填成本一个重要途径就是寻找水泥替代品，以降低水泥消耗。锡矿山锑矿原有胶结充填工艺水泥与尾矿的充填配比为1∶3，胶结充填体消耗水泥200kg/m^3，胶结充填成本79.88元/m^3，胶结充填料添加粉煤灰后，水泥、粉煤灰、尾矿的充填配比为1∶2∶8，料浆成本62.18元/m^3，水泥消耗124kg/m^3，充填成本下降20%以上。

第二节　中国锑业选矿技术的进步与创新

锑业选矿技术一直不断地改进和发展着，过去只有简单手工选矿、手工淘洗，现在各型选厂均建立了机械化重选、浮选，随着选矿工艺的改进、创新和完善，锑选矿回收率有了明显的提高。

一、新选矿设备的应用

锡矿山南矿选厂利用 CH430 圆锥破碎机作细碎机，降低了入磨粒度，由小于 16mm 占 85% 左右降低到小于 14mm 占 95% 以上，系统处理能力的增加，实现了多碎少磨，可降低选矿综合能耗。选矿设备大型化也成为一大趋势，一方面能降低能耗，另一方面选矿技术指标得到改善，经济效益也有所提高，如锡矿山南矿选厂采用的大型 XCF/KYF 充气搅拌式浮选机。

采用新型机械自动压滤机代替原来老式的绳索式圆筒过滤机，浮选精矿滤饼水分从 20% 以上降低到 14% ~15%，为取消烘干作业创造了条件，简化了工序，节约了生产成本。

二、锑选矿方法的不断完善

近几年来，锡矿山闪星锑业对浮选药剂制度进行改进，选用高效混合捕收剂，能提高选矿回收率 0.5% 以上，减少捕收剂用量及药剂的添加方式，降低了浮选精矿中的铅含量，相应地也降低了冶炼除铅成本。锑尾矿再选技术中，采用高效的重选方法处理锑尾矿中含有的部分难浮选锑矿及氧化锑矿，锑回收率达 20% 以上，降低了尾矿中的锑含量。

第三节　锑冶炼技术的进步与创新

新中国成立后，我国锑冶炼技术发展快速，工艺技术由改进型的焙烧炉挥发焙烧到鼓风炉挥发熔炼，鼓风炉还原熔炼直到鼓风炉富氧挥发熔炼，装备不断大型化，操作机械化、自动化，并逐步实现自动控制，锑冶炼工艺技术，装备水平居世界先进行列，锑品生产专利达230多项。

一、挥发熔炼鼓风炉的技术进步与创新

1963年，锡矿山闪星锑业有限责任公司为适应浮选锑矿的需要，成功研究出精锑矿鼓风炉挥发熔炼工艺，1965年建成了中国第一台0.7m^2锑冶炼鼓风炉，取代了过去从法国引进的赫式焙烧炉锑冶炼工艺，成为我国主导的锑粗炼工艺。之后，为了提高劳动生产率、扩大产能、改善技术经济指标，锡矿山闪星锑业有限责任公司研究成功的锑精矿鼓风炉，炉床面积已从当时的0.7m^2扩大到了目前的4.5m^2，其中经历了1m^2、2m^2、2.4m^2、3m^2等不同炉床面积的鼓风炉系统技术改进和创新的过程。1996～2004年，该公司完成了以提高鼓风炉床能力、节能降耗、处理含金、银锑精矿、产生的低浓度二氧化硫烟气处理达国家排放标准为主要内容的技术改造，使鼓风炉炉龄、处理量、技术经济指标均创历史新高，炉日处理量由45～50t/炉提高到70～80t/炉，炉龄最高可达300天。处理硫化锑精矿时，焦率由35%降至

29%，铁矿石率由25%降至18%，回收率由96.8%提高至97.4%；处理硫氧混合锑精矿和含金银锑精矿时，焦率由55%降至35%，铁矿石率由80%降至35%，回收率由93%提高到95.4%，原料含金低于20g/t时，金、银回收率均达90%以上。鼓风炉低浓度SO_2烟气浓度为0.3%，以石灰乳碱溶液为吸收剂，经高效旋流吸收塔吸收后，SO_2浓度达到国家《锅炉大气污染物排放标准》(GB 13271—2001) 的排放标准。

2007年下半年，锡矿山闪星锑业有限责任公司为适应环保减排和装置节能的产业发展要求，关闭南炼厂，扩大北炼厂，将粗炼主装置鼓风炉大型化，改扩的粗炼主装置鼓风炉风口区截面积由$3m^2$扩大至$4.5m^2$，并采用自主研发的富氧挥发熔炼新工艺。此技术已申报国家发明专利并获授权，专利号为ZL200810031214.X的专利“一种采用富氧空气的鼓风炉熔炼方法”，采用含氧气体积分数不小于22%的富氧空气，通过风口引入鼓风炉，富氧空气经预热空气换热器和汽化冷却换热器回收利用高温烟气的潜热，热效率由26%提高到60%，该发明使鼓风炉炉床处理能力提高50%以上，焦率降低40%以上，铁矿石率降低40%以上，锑综合回收率达97%以上，废气中二氧化硫浓度提高50%~100%，为废气中二氧化硫的综合利用创造了更好的条件。该鼓风炉处理锑物料范围广，适合处理含锑15%以上的氧化锑矿、硫化锑矿、硫氧混合锑矿、脆硫铅锑矿、锑冶炼过程的各种返料，也适合处理块状或粉状经成球处理的各种不同外形的锑物料。

鼓风炉大型化和采用富氧挥发熔炼新工艺，炉日处理量大幅度提高，渣含锑下降，回收率提高，焦率和烟煤率创同期历史最好水平，实现了炼锑鼓风炉的历史性跨越。

以广西华锡集团为代表的还原熔炼鼓风炉的主产物为铅锑粗合金，部分高铅氧化锑烟尘，其余产物和挥发氧化鼓风炉一样，有炉渣、冰铜和返灰。这种还原熔炼鼓风炉和铅、锌等鼓风炉一样，采用高料柱，低温炉顶操作法，是一种较为理想的脆硫铅锑矿处理的工艺设备。近年来，冶炼科技工作者不断探索脆硫铅锑矿处理的矿浆电解新工艺已有明显进展。

湘西金矿的自有矿山为锑金钨的共生矿床，经过选矿分离白钨后，其锑精矿含锑45%，含金60～80g/t。为了使冶炼过程中锑金完全分离，该公司采用独特的生产工艺，锑金分离工艺独树一帜。

陕西旬阳金鑫矿业有限公司利用自主创新的技术，成功地实现了锑汞分离，开创了中国锑工业锑汞分离的新局面。

二、锑精矿“熔池熔炼”技术的发展

2013年，锡矿山闪星锑业有限责任公司联合中南大学、长沙有色冶金设计研究院和长沙矿冶研究院共同研究“锑精矿侧吹炉熔池熔炼技术”，已在湖南省锡矿山建成中试生产线，2013年12月投入试运行，已完成氧化段试验7次，实现锑精矿的氧化熔池熔炼，产出可弃渣，烟气含二氧化硫达到制酸要求。

云南文山州木利锑矿烟化炉进行了熔池熔炼冶炼锑矿的工业试验，提出了“熔池熔炼—连续烟化法”的炼锑新工艺。工业试验表明，锑挥发率和直收率分别为 97.79% 和 90%，渣含锑小于 0.5%，煤耗为 24%。

河南豫光金铅股份有限公司的申请发明专利“辉锑矿采用底吹熔池熔炼连续炼锑的生产方法及其装置”，申请号为 201010264738.0，将辉锑矿、铁矿石、石子和无烟煤按照比例计量并混合均匀，连续进料进入底吹氧化熔炼炉内进行熔化，产出烟气和熔体（包括炉渣、贵锑、锑锍）。烟尘经制粒后，送底吹还原炼锑炉，还原后得到粗锑。

脆硫铅锑矿底吹熔池熔炼方法及装置，也进行了国家发明专利申请，申请号为 201010267305.0。

桃江久通锑业有限责任公司申请的国家发明专利“顶吹熔池熔炼炼锑法及其熔池熔炼炉”，其申请号为 201010100003。

中南大学申请的国家发明专利 200710050357.0 公开一种“铅锑矿氧气熔池熔炼方法”，针对广西大厂脆硫铅锑精矿，旨在提供一种铅锑硫化矿及含硫物料中直接冶炼铅锑合金的氧气熔炼方法，直接产出铅锑合金或可供电解用粗铅，以替代现有冶炼脆硫铅锑矿的“沸腾焙烧—烧结—鼓风炉熔炼”传统工艺，从而解决低浓度二氧化硫污染和工艺流程长、主金属回收率低等问题。

三、湿法炼锑工艺发展

我国锑冶炼曾先后开发出浸出—电积—精炼的湿法炼锑

工艺和浸出—空气氧化—还原精炼工艺。尽管这两项工艺具有不少优点，但生产成本高，经济效益不理想，试产不理想都已停用。湿法工艺中的氯化法，因原料适应范围有限、设备腐蚀严重、成本高、废水难处理，建成的许多小生产厂先后关闭停产。

四、粗锑精炼工艺的技术进步与创新

锡矿山闪星锑业有限责任公司 1994 年发明的除铅剂专利技术——ZL94111122.9“锑火法精炼除铅剂及其制备和应用”，能将粗锑中的铅除到 0.003% 以下，使铅锑彻底分离。在此之前，由于铅锑不能彻底分离，只能生产高铅锑，用途受到限制，产量难于扩大。正是由于此发明，使广西的脆硫锑铅矿和其他高铅锑原料中的锑得以利用，加速了中国锑产量的提高。后来，锡矿山闪星锑业有限责任公司继续研发了铅的各种去除方法，并且取得了更大进步，使除铅操作环保，除铅效率更高，如申请号为 ZL201110292064.X 的专利“一种高效多功能除杂剂及其在锑火法精炼中的应用”；申请号为 201210031309.8 的发明专利“火法精炼锑的高效除铅剂及其制备方法和应用”等，研究出了高效液态除铅剂，大大改善了除铅环境，降低了消耗，提高了效率，降低了成本。

2002 年锡矿山闪星锑业有限责任公司发明的快速除砷、除硒剂，申请号为 ZL03118341.7“一种锑冶炼火法精炼除砷除硒的方法”，能将粗锑中的砷、硒降低至 0.001% 以下，而且速度快、时间短，提高了锑的直收率，降低了能耗，节约了生产成本。广西华锡集团有限责任公司冶金化工厂采用两段除砷的新工艺，能降低成本，高效地处理含砷 5% 以上的粗锑，产出牌号 Sb 99.65 的精锑。这两种工艺均能使砷高含量地富集，为砷碱渣综合回收利用、解决砷碱渣的环境污染问题打下了良好的基础。

五、锑冶炼工艺“三废”处理的技术进步与创新

粗锑精炼除砷，过去一直采用纯碱进行，但随着锡矿山闪星锑业有限责任公司快速除砷、除硒剂技术的发明，目前国内大多采用快速除砷、除硒剂进行砷、硒的深度去除。在砷碱渣中，由于砷碱渣中砷以砷酸钠形态存在，剧毒且易溶于水，一旦泄漏，水资源就会造成严重污染，危及人畜的生命安全。锑冶炼砷碱渣的综合回收利用，一直是锑冶炼的一大难题。中国已发生多起砷碱渣泄漏造成的中毒事故。过去砷碱渣一直采用堆放处理的办法，国内目前积存的砷碱渣估计不下 20 万吨，其中含有大量的金属锑。

自 20 世纪 60 年代开始，锡矿山闪星锑业有限责任公司就已着手砷碱渣的综合回收利用锑砷的研究，目前已取得了重大技术进步，突破了锑砷碱分离的技术难点，基本能使锑、砷、碱得到有效分离。申请号为 ZL03118325.5 含砷物料的处理方法，特别是针对氢氧化钠除砷硒碱渣，能有效地进行锑砷分离，但砷碱分离尚不理想。以此技术为依托，锡矿山闪星锑业有限责任公司已建成一条年处理 1200t 砷碱渣

的生产线。目前尚在运行，但混合盐砷含量有时还达不到玻璃澄清剂的含砷要求，且砷酸钠盐的干燥，既时间长，又能耗大，处理能力提不上，严重影响生产线的正常运行。

2010年，锡矿山闪星锑业有限责任公司作为牵头单位，与湖南有色研究院、北京师范大学、南昌航空大学等产学研合作，进行“炼锑砷碱渣综合回收研究与示范”课题研究，项目列入国家“863”计划。目前研究进展顺利，已申报国家发明专利3项，正在申请的1项，它们分别是申请号为201110320455.8的发明专利“一种砷碱渣水热浸出脱砷的方法”、申请号为201210137936.X的发明专利“一种锑冶炼纯碱型砷碱渣脱锑后浸出液砷碱分离的方法”、申请号为201110424058.5的发明专利“一种砷酸钠混合盐微波环保干燥方法”，并取得了多项成果。在锑砷分离、砷碱分离、砷酸钠干燥等关键技术上取得了重大突破。目前锡矿山闪星锑业有限责任公司已建成一条年处理5000t砷碱渣的生产线，运行效果良好。

随着除铅工艺技术的推广应用，产生了大量的除铅渣，渣中带出了大量的锑，为了回收利用渣中的锑、铅等有价金属，锡矿山闪星锑业有限责任公司对其进行了研究开发，回收工艺技术取得了很好的效果，并申报了国家发明专利，申请号为ZL200810031207.X“锑火法精炼除铅渣的处理方法”，渣中锑、铅回收率达90%以上。目前已在锡矿山闪星锑业有限责任公司建成了一条年处理3000t除铅渣的工业生产线，运行效果良好。

锑冶炼低浓度 SO_2 废气脱硫，目前主要有 CaO-CaO 湿式洗涤法、NaOH-CaO 双碱法、氨水吸收法、氨酸吸收法等，但工业应用中存在运行成本高、产生固体废物二次污染等。2012 年，锡矿山闪星锑业有限责任公司对锑冶炼低浓度 SO_2 有机胺法脱硫制酸技术进行了中试研究，主要是利用有机胺吸收液，通过吸收—解析法，脱除、提纯锑冶炼烟气中所含 SO_2，并最终得到高纯度的 SO_2。中试研究表明，有机胺法脱硫效率大于 99%；脱硫尾气 SO_2 含量（标态）为 100mg/m^3；每千克 SO_2 蒸汽耗量 3.5～4.0kg。2013 年锡矿山闪星锑业有限责任公司联合中南大学、长沙矿冶研究院和长沙有色冶金设计研究院共同研发的“锑清洁冶炼关键技术与示范”项目建成后，侧吹炉产生的烟气 SO_2 浓度大幅提高，可实现含硫烟气经净化后直接制酸，将彻底改变锑冶炼烟气低浓度 SO_2 脱硫难的历史。

六、三氧化二锑（锑白）生产工艺的进步与创新

1958 年锡矿山发明了以精锑为原料生产三氧化二锑的复合冶炼法，该法存在产品质量档次低、工艺参数难以控制等缺点。1997 年锡矿山闪星锑业有限责任公司发明了高压空气离液顶吹法生产锑白的新炉型和新方法，采用 0.2～0.8MPa 压缩空气，以 100m/s 以上的速度冲击锑液表面，使锑液迅速雾化、挥发、氧化，产生 1000～1300℃高温，过程自热进行，对温度、风量、风压等主要生产工艺参数实现计算机控制。锡矿山闪星锑业有限责任公司锑白后处理工艺的

成功研究，解决了锑白真空输送、筛分、混合、自动包装等多项技术难题，在减少锑白黑点、锑白均匀化，防治锑白包装、运输过程中的二次污染等方面具有显著效果，使锑白技术含量、质量档次进一步提高。锑白产品的粒度、白度、主成分等理化性能指标大幅度改善，实现了一炉多用，通过调整工艺参数就可实现通用锑白、超细锑白、粗颗粒锑白、催化剂锑白、超高纯锑白等多种高品质特殊用途锑白的生产转换。锑白生产能力达到20～30t/d，床能力达到5～8t/(m^2·d)，劳动生产率高，能耗、炉修费用低，生产成本低，经济效益显著。已授权相关国家发明专利有ZL00126692.6、ZL97107947.1、ZL97107946.3、ZL97107945.5、ZL200510031323.8。此外，中国科学院冶金化工研究所于20世纪90年代发明了等离子体法生产三氧化二锑，并在江西铜鼓获得成功应用，但因其能耗高、产量低、成本较高而没有广泛推广应用。

申请号为ZL200510031323.8的专利“催化剂级超高纯三氧化二锑生产方法及其装置”，通过电热元件间接加热补给部分热量的方式，使锑白炉膛反应区域各处温度提高到1100℃以上，反应区域中央温度在1200℃以上；或者将炉膛烟气导入一个高温气化反应室，使Sb_2O_3烟气迅速升温至1100～1600℃，然后将高温Sb_2O_3烟气经过骤冷混合装置冷却，布袋收尘即可得产品。此法与等离子体法比，能耗低70%以上，产量高，生产成本较等离子体法低30%以上，且操作简单、工艺参数易控、产品质量稳定，目前已在锡矿山闪星锑业全面推广应用，效益显著。

申请号为 CN102126755A 的专利公开了高频等离子体法生产纳米 Sb_2O_3 的方法，该法将粒度不超过 0.1mm 的锑氧化物粉料由复式给料装置经气体雾化后投入立式反应炉内，使粉料在立式反应炉的 6000 ~ 10000℃ 的等离子体弧区内气化，气态 Sb_2O_3 在反应炉出口处用压缩空气急速冷却至 120℃以下，收集即得纳米 Sb_2O_3 产品，产品纯度高，平均粒径为 35 ~ 60nm，比表面积为 43 ~ 65m^2/g。

第二章 中国的锑深加工产品

我国锑矿资源丰富，锑品生产历史悠久，锑品产量多年来稳居世界首位，是锑资源和锑品生产大国。但在 1990 年以前，我国主要以锑的初级产品，即精锑、普通型锑白、生锑、锑精矿投放国内外市场，然后又从国外以高价购回我国所需的锑深加工产品。近 20 年来，我国在锑深加工产品方面做了大量的研究工作，取得了显著的成绩，一些锑深加工产品不但取代了进口产品，而且还批量出口国外。

目前，我国的锑深加工产品已形成系列产品，并正在向差异化、个性化、环保型产品方向发展，锡矿山闪星锑业有限责任公司是我国锑深加工的主要研究和生产单位，现已形成完整的锑品系列产品，能满足不同用途、不同客户及特殊需要的锑品。锡矿山闪星牌锑品分为四大系列，即精锑系列、锑白系列、硫化锑系列、乙二醇锑等其他系列，特别是锑白系列产品，具有主成分纯、批产品理化性能指标均匀、产品品种多而全等特点。

锑白系列产品分类如下：

（1）按粒度分有：纳米级微粒锑白（<100nm）、超细锑白（D_K 0.8~0.9μm）、细粒锑白（D_K 1~1.4μm）、粗颗粒锑白（D_K 2.5~3μm）。

（2）按化学成分分有：99.5% Sb_2O_3、99.8% Sb_2O_3、99.9% Sb_2O_3、99.95%超高纯 Sb_2O_3，催化剂级 Sb_2O_3，低 AS、Pb、低重金属杂质 Sb_2O_3，无黑点 Sb_2O_3，电子陶瓷级 Sb_2O_3，荧光级 Sb_2O_3。

（3）按物理学状态分有：粉末状 Sb_2O_3、粒状 Sb_2O_3、无尘环保型系列 Sb_2O_3（DOP 无尘氧化锑、DIDP 无尘氧化锑、水无尘氧化锑、氯化石蜡无尘氧化锑、EG 无尘氧化锑、PE 氧化锑母粒、ABS 氧化锑母粒、EVA 氧化锑母粒）。

（4）按色度分有：高着色度 Sb_2O_3、低着色度 Sb_2O_3、高白度 Sb_2O_3、微黄锑白、微青锑白等。

锑白系列产品除满足国内市场需求外，还大量出口美、日、欧等国家和地区。

近年来发展很快的锑深加工产品当属用于 PET 聚酯催化剂的乙二醇锑产品，主要生产单位有锡矿山闪星锡业有限责任公司，有2000t/a 生产线，另外还有大连一有机化工厂、辽阳宏伟化工厂、南宁锑品厂、江西二源化工厂、辰州矿业、安化文威等十几家企业正在生产，产能已超 10000t/a。产品除满足国内市场需求，同时还有部分出口。

胶体五氧化二锑，具有颗粒超细和高度分散的特点，用作聚合物阻燃增效剂，具有三氧化二锑难以比拟的优点，尤其适合作合成纤维、织物、塑料的阻燃增效剂。国内主要采用普通三氧化二锑双氧水氧化法生产，产品以五氧化二锑水溶胶（Sb_2O_5 含量 30% 或 50%）和胶体干粉（Sb_2O_5 78% ~ 82%）两种形态出售，如锡矿山闪星锑业有限责任公司生产的 JT30、JT50、JT80 等五氧化二锑产品。

锑酸钠，是我国锑深加工产品中开发应用较早的产品，主要用作显像管和高档玻璃的澄清剂，并在搪瓷、塑料、橡胶、化纤、油漆等行业得到应用，主要采用三氧化二锑氧化回流法生产，也有采用粗氧化锑氯化法、辉锑矿氯化水解法等进行生产的，但采用金属锑硝酸钠氧化法现已停止使用。

醋酸锑，主要用作 PET 生产过程的缩聚催化剂，是由三氧化二锑与醋酸酐在一定条件下反应制得。由于生产及使用过程中有刺激性气味，作为 PET 催化剂，目前基本已被乙二醇锑或催化剂三氧化二锑所取代。

高纯金属锑，一般指锑纯度不小于 99.999% 的锑，主要用于半导体工业。制取高纯锑的方法有：（1）由锑的化合物提纯制高纯锑；（2）由精锑提纯制高纯锑；（3）由精锑电解精炼制高纯锑。我国主要采用（1）、（2）两种方法生产。四川峨嵋半导体厂高纯锑的生产及超纯锑、高纯锑球等产品的研制工作，能批量提供 99.999%、99.9999% 高纯锑产品。中南大学也研制出了两种规格的高纯锑球产品，外表光亮呈球形，锑球每粒重 3mg ± 0.75mg 和 8mg ± 1mg。成都亚华锑业公司以高纯三氧化二锑为原料，经还原、蒸馏，生产出了99.999%高纯金属锑。

其他深加工产品的开发与研究。

除上述各种三氧化二锑深加工产品、乙二醇锑深加工产品、胶体五氧化二锑、锑酸钠、醋酸锑、高纯金属锑等深加工产品外，还开发出了一些新型的锑合金、硫醇锑、硫醇锑盐、羧酸锑盐、三苯基锑、二溴三苯基锑、二（2,4,6-三溴苯氧基）三苯基锑、酒石酸锑钾等产品。一些单位还开展了Sb_2S_4作为高效抗极压润滑添加剂的研究，并取得了进展。

第三章　节　能

节能是我国可持续发展的一项长远发展战略，是我国实现工业现代化的一项基本国策。

能源是人类社会赖以生存和发展的重要物质基础，我国能源资源相对不足，能源问题已经成为制约我国经济和社会发展的重要因素，节约和降低能耗，直接影响到企业经济效益，对提高企业参与市场竞争有着决定性意义。

第一节　能源状况

锑业企业锑品生产线包括采矿、选矿、冶炼和锑品深加工，主要消耗的能源种类为烟煤、无烟煤、焦炭、电力，耗能工质为水，主要耗能设备是提升机、风机、水泵、破碎机、球磨机、输送机、浮选机、鼓风炉、反射炉等。锑品生产线年消耗能源总量大约十万吨标煤，其中烟煤、无烟煤、焦炭合计约占总量的85%。

第二节 主要节能措施

我国把节约能源和保护环境作为基本国策，坚持节约与开发并举、节约优先的能源发展战略。节约能源的主要途径：

（1）技术节能，通过技术进步来完成节能。

（2）结构节能，通过调整产业结构、产品结构、企业结构以及改善工业布局、生产规模等途径，提高能源利用率。

（3）管理节能，加强能源管理，减少能源利用浪费，依靠政府出台节能降耗的相关措施、能源价格的政策标准等来实现节能。

我国坚持政府为主导、市场为基础、企业为主体，在全社会共同参与下，全面推进能源节约。企业应结合自身的特点，制订切实可行的节能措施。

一、加强能源的科学管理

对于企业的各种能源，要进行统一管理。企业不仅要建立一个精干的能源管理机构，形成一个完整的管理体系，而且要建立一套科学的能源管理制度。能源消耗定额管理是能源管理的基础，也是挖掘节能潜力的一项主要措施。

锡矿山闪星锑业有限责任公司建立了三级节能管理网和三级计量管理网，为节能工作提供了组织保障，明确了各级节能管理员的岗位职责和工作任务。将能源消耗指标分解到生产单位和工序，纳入各级员工的考核范畴，与工资挂钩，严格考核，节奖超罚，提高了广大员工的节能积极性，取得了明显的节能效果。

二、优化主体工艺结构

改造传统的生产工艺，淘汰落后的高耗能设备，建立设备结构大型化、能源利用高效化、物质消耗减量化的高效生产体系。

(1) 对锑冶炼系统进行全新的技术改造。采用锑鼓风炉富氧挥发熔炼工艺，通过提高入炉空气中的氧气含量，减少烟气带走的热量，提高炉温，实现强化熔炼，并利用精矿中硫化物的化学反应热，以达到节约焦炭、提高生产能力的目标。改造完成后，不仅提高了冶炼回收率，且炉日处理量翻番。经测试和统计分析得知，鼓风炉采用富氧熔炼强化熔炼过程，充分利用矿石中硫的能量，提高日处理量，可节约焦炭28%～33%；将空气预热到400℃，改进前床加热和保温技术，可节约焦炭13%～17%。以上两项合计，每年可节约焦炭9720t，折标煤9428t。富氧熔炼要消耗氧气，制备氧气每年需耗标煤2948.56t，实际节省标煤量6479.84t/a。目前，闪星公司正在进行锑精矿熔池熔炼工艺试验，成功后用于生产，节能减排效果更好。

（2）锑品深加工采用先进的工艺流程。锑品深加工采用闪星公司发明的自热—压缩空气离液顶吹法技术生产锑白，正常生产时完全可以靠自身反应热来维持锑白炉的热平衡，仅在开炉、停炉和处理故障时需添加少量燃料来补充热量熔化精锑，极大地减少了焦炭的消耗。

（3）对选矿系统进行技术升级改造，扩大破碎机的处理能力，减小粉矿粒度，达到多碎少磨的目的。选用新型高效的浮选机取代老式浮选机，可减少浮选机的台数，能提高生产技术指标，降低选矿工序电耗，达到节能的目的。选矿生产用水量较大，应建立生产用水循环系统，提高回水利用率，实现废水零排放。

三、降低供配电系统的电能损耗

（1）采用无功补偿设备，提高功率因数。电网中的电力负荷如电动机、变压器等，大部分属于感性负荷，在运行过程中需向这些设备提供相应的无功功率。在电网中安装并联电容器等无功补偿设备以后，可以减少电网输送的无功功率，降低电能损耗。电网中常用的无功补偿方式包括单独补偿、分组补偿和集中补偿。闪星公司采用以高压集中补偿为主、低压分组补偿和就地补偿为辅的方法提高功率因数。

（2）实行负荷调整，削峰填谷。调整大容量用电设备的开动时间和部分生产线的作业班次、工作时间，实行高峰让电，可以降低供电系统的电能损耗。由于实行负荷调整，避峰抢谷，均衡用电，不仅提高了变压器的负荷率，也为变压器的经济运行创造了条件，降低了电能损耗，又能充分利用优惠电价政策，减少企业的电费，可为企业创造非常可观的经济效益。

（3）变压器经济运行。变压器经济运行是指在传输电量相同的条件下，通过择优选取最佳运行方式和调整负载，使变压器电能损失最低。企业的用电负荷在一昼夜和一年四季中都在变化，当几台变压器并列运行时，由于各变压器铁耗基本不变，而铜耗随着负载的变化而变化，应通过计算确定运行变压器的台数和容量，使变压器的总损耗为最小，达到节电的目的。

四、推广应用节能新产品

（1）用新型高效变压器取代原有的高电耗变压器。高效变压器的生产采用了新材料、新结构和新的生产工艺，能降低变压器的空载损耗和负载损耗，从而达到节电的目的。

（2）推广使用高效节能电动机。电动机是工业生产中用得最多、耗电量最大的设备，目前我国工业能耗约占总能耗的70%，其中电动机能耗占工业能耗的60%～70%，而发达国家只占工业耗能45%左右。在我国制定的十大重点节能工程中，电动机系统节能工程就是其中之一。

（3）推广应用变频器。风机、泵类等设备是通过调节入口或出口的挡板、阀门开度来调节给流量，在挡板、阀门的截流过程中消耗了大量的能量，由流体力学理论可知，流体流量与风机或泵类的转速一次方成正比，转矩与转速的二次方成正比，而其功率则与转速三次方成正比。当使用变频调速时，如果需要减少流量时，通过降低泵或风机的转速即可满足要求。可见，在生产工艺经常需要调节风机、泵类转速的情况下，在风机和泵类设备上推广变频器，节能效果非常显著，一般经验数值节能比例可以达到30% ~50%。

（4）大力推广应用节能灯。高效光源是照明节能的首要因素，必须重视推广应用高效光源。大力推广高效荧光灯、钠灯、金属卤化物灯和发光二极管的应用，来满足不同场所对照明的要求，达到节电的目的。锡矿山闪星锑业有限责任公司在矿山井下和地面工厂全面推广节能灯，淘汰白炽灯，取得了明显的节电效果和经济效益。

2011 年以前，锡矿山闪星锑业有限责任公司两矿井下照明一直使用白炽灯，灯泡功率 60 ~ 150W 不等，大部分场所每天需 24h 照明。2011 年下半年，对井下照明进行改造，选用湖南稀土新能源材料有限责任公司生产的节能灯，在巷道中用 15W 的稀土节能灯替换 60W、100W 的白炽灯，共替换 6580 盏；在井下机房中用 35W 的稀土节能灯替换 100W、150W 的白炽灯，共替换 1460 盏。改造完成后，每年可节电 2.80×10^6kW · h，取得了明显的节电效果和经济效益。此后，在地面工厂全面推广节能灯，淘汰了白炽灯等高耗能照明灯。

第三节　节能宣传工作

加强节能宣传和节能技术培训工作，能提高全员的节能意识，为节能工作开展创造良好的氛围。企业应根据自身的条件，开展形式多样的节能宣传和节能技术培训工作。锡矿山闪星锑业有限责任公司各级领导重视该工作，在《锡矿山报》、锡矿山电视台刊登和报道节能新方法和典型事例，介绍节能常识，在各二级单位厂区醒目位置张贴节能降耗横幅标语，在全公司的办公场所张贴节能温馨提示小标语，并从1991年开始，每年都开展不同主题的“节能减排宣传周”活动。

在资源节约型和环境友好型社会政策指引下，企业应依靠科技进步，大力推广节能新技术、新产品，进一步加大节能工作力度，强化工作措施，落实节能计划，实现企业与社会、企业与自然的和谐发展。

第七篇

产能、 产量及消费量

第一章　锑产量及生产能力

中国锑资源得天独厚，是世界锑工业大国，锑的储量、产量和出口量均居世界首位。锑作为一种战略金属，国家将其列为保护性开采和冶炼的特定矿种。

目前，全球70%以上的锑产自中国，从某种意义上来说，中国完全可以左右国际锑市场。但是，自20世纪80年代后期以来，中国的锑产量在多数情况下都超过消费需求，从而导致价格低迷，特别是20世纪90年代中后期，随着广西大厂矿田100号锡锌锑铅多金属复合矿体的开发，脆硫铅锑矿冶炼技术的提高，尤其是在锑冶炼上除铅技术的突破，给锑冶炼带来了一场技术革命，冶炼成本较之传统的硫化锑冶炼有了大幅度的下降，同时随着大规模的开采、冶炼、加工、出口，造成了锑资源的大量消耗，从而使中国锑行业的可持续发展面临着严峻的挑战。2001年广西南丹大厂矿田的“7·17”特大透水事故，国家对广西南丹的矿区进行了全面的整顿，从而使锑市场全面回升。

除我国外，玻利维亚、南非、俄罗斯等国也生产一定量的原生锑，亚洲国家中泰国也少量生产。美国、日本、韩国和比利时是高纯氧化锑等后续深加工产品的重要生产国，主要以精锑为原料，生产高附加值的锑深加工产品。

中国锑生产企业主要集中在广西、湖南、贵州、云南等省，广西锑资源主要以大厂矿田的脆硫铅锑矿为主，同时还有部分硫化锑矿，如南丹茶山锑矿、隆林锑矿等；其他省份主要以硫化锑矿为主，如湖南锑资源主要以冷水江锡矿山矿田的硫化锑矿为主，同时还有渣滓溪锑矿、沅陵沃溪锑矿等。全国目前精锑冶炼能力约 18 万吨，氧化锑冶炼加工能力约 13 万吨。2003 ~ 2012 年全国锑产量和全国锑品生产能力见表 7-1 和表 7-2。

表 7-1　2003 ~ 2012 年全国锑产量　(t)

年　份	全国产量	精　锑	锑　白
2003 年	89890	48574	33853
2004 年	125256	65567	42584
2005 年	138332	86384	40720
2006 年	140431	79414	52039
2007 年	146630	74235	64071
2008 年	158066	80766	72963
2009 年	165429	91127	69274
2010 年	192564	111141	2134
2011 年	200368	124108	66891
2012 年	242036	161264	74980

表 7-2 2003 ~ 2012 年全国锑品生产能力 (t)

年 份	全国产量	精 锑	锑 白
2003 年	239550	115738	143209
2004 年	337559	156878	172431
2005 年	310761	138100	164861
2006 年	266600	147100	109900
2007 年	271700	151700	110400
2008 年	282700	154700	118400
2009 年	334550	189100	136150
2010 年	311100	161100	140700
2011 年	326600	181600	135700
2012 年	331600	192600	129700

20 世纪 90 年代中期，我国锑品产量突破 10 万吨大关，在 1995 ~ 1999 年锑价跌至成本线以下，仍保持了年产 8 万吨左右的锑品，虽然成立了锑企业联合体，采取了限产保价的措施，但收效甚微，只制约了国有大中型锑品冶炼企业，但民企、外企产量仍在不断扩大。

由于受宏观调控失控和地方保护主义的影响，自 20 世纪 80 年代中期以来，我国锑冶炼加工能力不断扩张，由于锑品生产工艺简单、投资少、见效快，各地小型炼锑厂纷纷上马，特别是在广西，从脆硫铅锑矿冶炼中除铅技术的突破，使得铅锑复合矿的冶炼成本下降，进而超过了传统的硫化锑冶炼，造成全国大部分锑矿山处于停产或半停产状态。广西大厂矿田 100 号矿体的开发，大量民采的介入，每年采出的锑金属含量近 10 万吨，造成全球锑品严重的供过于求，同时也使广西锑品生产超过湖南，一跃成为全国最大的锑品生产基地。“7·17”事故后，广西锑品产量每年维持在3.0万~3.5万吨，产量锐减了近6万吨，致使锑价格大幅回升。2003~2012年全国锑品主要生产省份锑品产量见表7-3。

表7-3 2003~2012年全国锑品主要生产省份锑品产量

(t)

年份	2003年	2004年	2005年	2006年	2007年	2008年	2009年	2010年	2011年	2012年
江西	4400	6054	4193	2874	2394	3602	4087	5345	8772	9865
湖南	58878	83200	87818	93270	103954	107218	123732	139661	137951	179039
广西	33129	35428	39335	30218	21304	19138	18253	24665	24835	15144
贵州	2034	3450	5158	3763	3924	3206	795	1015	2339	8409
云南	8468	10451	14707	14625	17313	16998	13909	15983	21066	22522

20世纪90年代以后，我国的锑深加工产品已陆续开始生产并进入市场，一些锑品的质量已优于国外同行产品，如我国锡矿山闪星锑业有限责任公司生产的“闪星牌”高纯氧化锑系列产品已领先世界先进水平。广西利用脆硫铅锑矿冶炼加工，在铅锑合金（Pb 55%~60%、Sb 35%~40%）冶炼中直接实现铅锑分离，并生产出优质的氧化锑，达到国家0号氧化锑的标准，极大地降低了生产成本，达到了较高的技术水平。

同时，锑酸钠、五氧化二锑、醋酸锑等深加工产品的开发应用，使得我国锑产品品种增多，产业结构也发生了明显的变化。但是，也应当看到，我国锑品的生产仍以初级产品为主，精锑及一般氧化锑占总生产能力的近80%，由此也造成了我国锑品在全球市场的不均衡。

我国锑品的生产与出口一直是以初级产品为主，深加工产品比例仅占20%左右；锑品总产量的60%以上必须出口，造成国内、国外两个市场的不均衡；科技投入严重不足，因此无法提高企业的竞争力和调整产品结构，这些问题制约了中国锑行业的发展。

目前，锑是阻燃剂应用最大的领域，70%左右的锑品应用于这一方面，美国、日本、韩国及西欧等国在这一方面大量应用，而中国在这一方面这几年应用才开始增多，这就刺激了国内锑品深加工业的发展。中国现在已开始步入锑消费大国的行列，目前中国锑消费的主要领域是橡胶及纺织制品阻燃剂用氧化锑、蓄电池用铅锑合金、日用搪瓷制品用锑釉氧化锑、涤纶聚酯和氟里昂催化剂用氧化锑、显像管澄清剂和脱色剂用锑酸钠以及烟火和火柴用硫化锑等。从2003年开始，国内锑品消费量急剧上升，增加的市场份额主要来源于两个方面——阻燃剂应用领域和汽车工业，这势必带动锑的生产增长。

第二章　锑产品的流通与消费

第一节　国内锑品生产

根据《中国有色金属工业企业年鉴》的统计数据，我国在2005~2012年间，共生产精锑约137万吨，占同期世界锑总量的86%左右。我国锑品年产量在20世纪80年代初只有3万余吨，改革开放三十多年，锑生产量急剧增大，到1995年达到12.95万吨，2012年达到24.13万吨，创历史最高纪录。1986~2012年全国的锑产量情况详见表7-4。

表7-4　1986~2012年中国锑产量一览表（万吨）

年份	1986年	1987年	1988年	1989年	1990年	1991年	1992年
产量	4.23	6.68	7.47	6.28	6.00	6.14	6.81
年份	1993年	1994年	1995年	1996年	1997年	1998年	1999年
产量	8.13	10.12	12.95	12.82	12.01	8.20	8.45
年份	2000年	2001年	2002年	2003年	2004年	2005年	2006年
产量	11.33	14.79	12.32	8.99	12.53	13.83	14.04
年份	2007年	2008年	2009年	2010年	2011年	2012年	
产量	14.66	15.81	16.54	18.74	19.01	24.13	

第二节　国内锑品应用消费领域

锑的应用主要是锑化合物和锑合金的形式。锑及其化合物广泛用于塑料、橡胶、涂料的阻燃以及印刷、蓄电池、轴承合金、聚酯催化剂、荧光粉、玻璃、电子陶瓷、军事工业等领域。金属锑因性脆，很少单独使用，多用作其他合金的组元，可增加其硬度和强度。如蓄电池极板、轴承合金、印刷合金（铅字）、焊料、电缆包皮及枪弹中都含锑；铅锡锑合金可作薄板冲压模具；高纯锑是半导体硅和锗的掺杂元素。特别是锑的化合物，其用途十分广泛，如硫化锑（五硫化二锑）是橡胶的红色颜料；生锑（三硫化二锑）用于生产火柴和烟剂；三氧化锑（俗称锑白）在工业上有着更加广泛的用途，它是搪瓷、油漆的白色颜料和塑料、橡胶用阻燃剂的重要原料，还是玻璃、纺织及化工工业的常用原料。随着锑生产科学技术的发展，由此而开发的锑系列深加工产品更是广泛地用于新材料等特殊领域。

第三节 国内锑品消费量

到20世纪90年代末，中国锑品消费量还保持在1.2万~1.5万吨之间，随着中国制造业的迅速发展，许多国际企业纷纷在我国境内设厂，使得国内锑品需求迅速扩大，国内的消费呈逐年增长态势，到2009年，中国的锑消费量达到了4万吨左右。而最大的消费市场是塑料、橡胶、纺织等领域作阻燃剂，其主要原因是国家法规的强制要求逐步落实到位，促使终端产品的阻燃剂用量增加明显。据国家法规，自2008年7月1日起，凡是涉及在公共场所使用的阻燃制品，包括建筑、纺织、塑料、橡胶、家具、电线电缆等六大类产品，必须符合《公共场所阻燃制品及组件燃烧性能要求和标识》(GB 20286—2006）的要求且须加施阻燃制品标识。

中国锑的消费中，蓄电池用量减少，金属锑需求下滑，而阻燃系列产品的耗锑增加，氧化锑消费需求逐年增长，其中作阻燃剂用锑量占70%以上，聚酯催化剂15%，搪瓷、玻璃等其他行业占15%左右。

目前，随着中国六大类产品领域阻燃制品法规的落实到位，锑在阻燃剂的需求方面也逐步增长，在其他应用领域中，随着经济的不断发展会有所增长，预测至2015年，国内锑的消费量有可能达到6.5万吨左右。

第四节　锑品进出口

来自中国海关的统计显示，2013年我国锑品进口量为69986t，同比减少1.6%。其中生锑进口1783t，同比增长80.4%；其他锑矿砂及其精矿进口66412t，同比减少3.3%；锑的氧化物进口1535t，同比减少23.2%；硫化锑进口171t，同比持平；未锻轧锑进口83t，同比减少21.7%；锑粉进口0.4t，同比增长25.0%；其他锑及锑制品进口1.2t，同比下降508.3%。

2013年锑品出口量34326t，同比下降46.9%。其中生锑出口200t，同比增长100.0%；其他锑矿砂及其精矿出口19.1t，同比增长100.0%；锑的氧化物出口31565t，同比下降28.6%；硫化锑出口375t，同比增长34.1%；未锻轧锑出口2167t，同比下降342.2%。

表7-5列出了2011~2013年中国海关统计的锑品进出口数量。

表 7-5 2011～2013 年中国锑品进出口统计

品种	2011 年				2012 年				2013 年			
	进口		出口		进口		出口		进口		出口	
	数量/t	同比/%	数量/t	同比/%	数量/t	同比/%	数量/t	同比/%	数量/t	同比/%	数量/t	同比/%
生锑	189	334.4	—	—	350	46.0	0	—	1783	80.4	200	100.0
其他锑砂及精矿	59961	29.7	321	-58.8	68577	12.6	0	—	66412	-3.3	19.1	100.0
锑的氧化物	3215	67.4	41995	-19.4	1891	-70.0	40598	-3.4	1535	-23.2	31565	-28.6
硫化锑	109	-30.3	340	-61.6	171	36.3	247	-37.7	171	0.0	375	34.1
未锻轧锑	473	80.8	5062	-2.1	101	-368.3	9583	47.2	83	-21.7	2167	-342.2
锑粉	0.4	18.4	—	—	0.3	-33.3	0	-	0.4	25.0	0	
其他锑及锑制品	18	-83.8	20	-69.0	7.3	-146.6	0	—	1.2	-508.3	0	
总值	63965	31.3	47739	-19.1	71098	10.0	50428	5.3	69986	-1.6	34326	-46.9

第五节 国际锑品的消费

锑是十大有色金属之一，广泛应用于塑料橡胶阻燃、化纤聚酯用催化剂、石油钝化剂、蓄电池、轴承合金、电子陶瓷、军事、医药等领域。目前，90% 以上的锑是经深加工成三氧化二锑后使用，只有少量直接用作锑合金。

随着科学技术的发展，世界锑的消费结构发生了较大的变化。从美国历年来锑消费结构分析，金属锑消费比例从

1996 年的 23%，降至 1999 年的 12%，而氧化锑消费比例从 1996 年的 77%，增至 1999 年的 88%，氧化锑消费比例并有不断增长之势，用作阻燃剂的氧化锑按含锑量计算，目前每年约需 2.3 万吨，说明美国应用在阻燃剂方面的耗锑量增长很快。日本的阻燃剂耗锑量，近十年间也快速增长。同样，其他工业发达国家锑的消费结构也有较大变化，尤其是氧化锑在阻燃剂等新兴工业领域中的应用是工业化国家的主要方向。目前，世界锑的消费中，蓄电池用量减少，金属锑需求下滑，而阻燃系列产品的耗锑增加，氧化锑消费需求逐年增长。近年来关于锑在各行业的消费比例资料很少，根据美、日等经济发达国家锑消费比例分析，阻燃剂用锑量约占 70%，用于铅酸蓄电池及其他合金的用锑量约占 10%，聚酯催化剂 10%，搪瓷、玻璃等占 10% 左右。

中国是全球锑品产量最多的国家，其三氧化二锑产量达 9 万吨，同时也是三氧化锑消费最多的国家，中国三氧化二锑消费总量约为 5 万吨，约占全球三氧化二锑消费量 13 万吨的 38%，其次为美国、欧盟和日本。除中国大陆以外，主要氧化锑消费国家及地区的消费量见表 7-6。

表 7-6　氧化锑年消费量

国家及地区	美国	日本	欧盟	中国台湾	韩国	印度	其他	合计
数量/t	25000 ~ 28000	15000 ~ 16000	15000 ~ 18000	7000	5000	3000	5000	75000 ~ 82000

第八篇

资本运营

第一章　锑品价格走势

第一节　2004～2012年锑品销售价格情况

2004～2012年，锑品销售价格情况见表8-1。

表8-1　2004～2012年锑品销售价格情况　（元）

年份	产品名称					
	99.65%锑锭			99.5%三氧化二锑		
	最高价	最低价	年均价	最高价	最低价	年均价
2004年	24500	19500	21851	22300	18000	20111
2005年	29600	21300	26701	26600	19500	24522
2006年	44000	29000	38676	36800	26100	35102
2007年	42000	37500	39897	37500	34400	36226
2008年	43300	22000	38402	38700	20700	34624
2009年	45000	24300	35400	38500	22300	32014
2010年	85000	40500	61224	74500	37500	55241
2011年	110000	69500	91311	99000	66000	82179
2012年	83000	66500	73046	73000	59000	65037

注：数据来源于亚洲金属网。

第二节 锑品价格走势分析

国际锑品价格近30年来跌宕起伏，20世纪70年代中后期每吨3300～3900美元；80年代，从初期的3000美元/t降到后期的2200美元/t；90年代，从初期的2000美元/t降至1993年的1700美元/t。1994年西方经济开始全面复苏，对锑的需求急剧增加，价格上扬，1995年最高平均达到4056美元/t，导致中国锑品产量大幅增长。然而，好景不长，在市场供大于求的情况下，锑价急转直下，导致价格一降再降，到2001年已跌至1100美元/t以下的历史最低水平，不及生产成本的一半。近十年来，随着世界经济的缓慢复苏和中国的经济快速发展，锑价也跟随国际大宗商品金属价格一路上扬，从2005年的2900美元/t上涨到2007年的6500美元/t。2008年，受全球金融危机的影响使得需求量下降，导致锑价随其他大宗商品金属价格的暴跌而暴跌，锑价从7000美元/t的高价位迅速跌至4000美元/t。2009年，随着中国国内加强锑行业整合，加强环境保护措施，提高行业准入门槛，使得国内锑价又开始回升，到2009年年底达到6400美元/t。由于国内大型锑矿的开采难度越来越大，品位越来越低，导致锑矿产量大幅增产有限，这将是支持锑价高位运行的关键因素。由于中国因素继续占主导地位，国内锑需求仍将继续发挥强有力的支持作用，业内人士提出，只要继续规范世界主要产锑国的锑品生产和出口秩序，国际市场锑价有望进一步看好，未来锑价将会强劲冲高，并保持高位运行。

国内锑品价格从2005年开始上涨，2008年8月涨到4万元/t；2008年8月后价格开始下跌，2009金融危机锑品价格持续下跌，最低至2.5万元/t；2009年年底政府出台相关政策刺激经济增长，2010年锑品价格反弹并持续上涨，至2011年锑品销售价最高达10万元/t。不断上涨的锑品价格在一定程度上刺激了矿山的开采，下游企业因原料成本升高，不断寻找替代品，致使锑品市场供需关系发生了变化。2012年锑品成交量减少，锑品价格呈下行趋势。

第二章　相关财税政策

第一节　出口退税政策

近几年，我国政府加大了对矿产资源开发的管理力度，逐步规范锑品开采、冶炼、加工及国内外贸易等经营秩序，相继采取整顿矿山开采秩序，降低或采取出口退税等措施。2005年5月1日，锑产品出口退税率从原来的13%下降到8%，2006年1月1日锑产品出口退税率从此前的8%下调到5%，2007年7月1日开始取消氧化锑出口退税政策，锑品出口退税政策变化导致我国锑品出口利润空间减少，锑品出口数量也逐步减少。

第二节　汇 率 变 动

2008～2011年，美元兑人民币汇率变化情况见表8-2。

表8-2　美元兑人民币汇率变化表

年	月	美元兑人民币汇率（1美元=？元）
2008	1月	7.19
	2月	7.11
	3月	7.02
	4月	7.00
	5月	6.95
	6月	6.86
	7月	6.84
	8月	6.83
	9月	6.82
	10月	6.83
	11月	6.83
	12月	6.83
2009	1月	6.84
	2月	6.84
	3月	6.84
	4月	6.83
	5月	6.83
	6月	6.83
	7月	6.83
	8月	6.83

续表 8-2

年	月	美元兑人民币汇率（1 美元 = ？元）
2009	9 月	6.83
	10 月	6.83
	11 月	6.83
	12 月	6.83
2010	1 月	6.83
	2 月	6.83
	3 月	6.83
	4 月	6.83
	5 月	6.83
	6 月	6.79
	7 月	6.78
	8 月	6.81
	9 月	6.70
	10 月	6.69
	11 月	6.68
	12 月	6.62
2011	1 月	6.59
	2 月	6.58
	3 月	6.56
	4 月	6.50
	5 月	6.48
	6 月	6.47
	7 月	6.44
	8 月	6.38
	9 月	6.35
	10 月	6.32
	11 月	6.35
	12 月	6.30

从2005年1月1日至2011年12月31日，人民币持续升值，对锑品出口企业产生了很大的负面影响，特别是对于出口销售量较大的锡矿山来说。人民币升值意味着出口锑品的利润空间减少，为规避汇率波动带来的不利影响，各锑品生产商纷纷采取措施，以应对这一不利因素。

第三章　国内锑业企业的资本运营

第一节　五矿有色金属股份有限公司

五矿有色金属股份有限公司成立于2001年12月27日，注册资本12.7亿元人民币，是由中国五矿集团公司为主发起人（占总股份的90.27%），联合国内其他五家企业依照现代企业制度共同出资组建的股份制企业。是一家颇具运作实力的有色金属企业，其主营产品的市场占有率在国内名列前茅并在国际市场上颇具影响。五矿有色通过卓有成效的运作迅速发展壮大，已成为中国有色金属工业的一支生力军，并连续数年在中国有色金属行业中占据领先的地位，是一个资源型企业。目前，五矿有色已初步完成了向完全市场化经营和以稀缺有色矿产资源为整合对象的资源型企业过渡的产业化布局。公司通过长期投资获取的资源性资产已占公司总资产的八成以上。通过有效开发有色金属资源，努力发展成为具有国际竞争力和可持续发展能力的资源型企业。2009年12月，中国五矿控股集团通过现金收购和协议划转方式取得湖南有色集团51%股权，实现对湖南有色集团的绝对控股。锡矿山闪星锑业有限责任公司作为湖南有色金属股份有限公司的子公司也从此成为中国五矿旗下的子公司。

湖南有色金属股份有限公司是五矿有色金属股份有限公司的子公司。湖南有色金属股份有限公司是由湖南有色金属控股集团有限公司联合其他四家公司发起设立并于2005年在中华人民共和国注册的股份有限公司。公司于2006年3月31日在香港成功发行了H股股份及于香港联合交易所有限公司上市。

目前，湖南有色金属股份有限公司拥有株洲冶炼集团有限责任公司、株洲硬质合金集团有限公司、自贡硬质合金有限责任公司、锡矿山闪星锑业有限责任公司、湖南柿竹园有色金属有限责任公司、衡阳远景钨业有限责任公司、湖南有色新田岭钨业有限公司、湖南有色（澳大利亚）资源投资有限公司、郴州五岭矿产资源勘查有限责任公司、湖南有色南岭资源开发有限公司、湖南有色锡田矿业有限公司、澳大利亚爱博矿业有限公司、湖南有色（加拿大）锑矿有限公司等十三家控股子公司及湖南有色金属股份有限公司黄沙坪矿业分公司，中钨高新材料股份有限公司和甘肃金大矿业有限公司等两家联营公司。湖南有色金属股份有限公司同时还参股了澳大利亚上市公司堪帕斯资源有限公司。该公司及其子公司是中国以产量计最大的有色金属综合生产商（不包括铝），下属矿山企业拥有世界上最大的钨和铋储量，以及丰富的锑储量。锡矿山闪星锑业有限责任公司是湖南有色金属股份有限公司的全资子公司，是世界上最大的锑品生产商和供应商。

锡矿山闪星锑业有限责任公司是湖南有色金属股份有限公司的子公司。锡矿山闪星锑业有限责任公司是一家以锑采、选、冶为主，集锌冶炼、化工为一体的大型有色金属联合企业。其前身是锡矿山矿务局，始建于1897年。2001年5月通过实施债权转股权改制为锡矿山闪星锑业有限责任公司，股东分别为湖南有色控股集团公司、中国华融资产管理公司、中国信达资产管理公司。2005年4月，经湖南省国有企业改革领导小组批准，公司实施主辅分离、辅业改制。股东分别变更为湖南有色金属股份有限公司、中国华融资产管理公司、中国建设银行股份有限公司。2006年6月，湖南有色控股集团公司受让中国建设银行股份有限公司持有的本公司股份，2006年7月，锡矿山回购中国华融资产管理公司持有的本公司股份。2009年12月成为中国五矿旗下的子公司。

第二节 湖南辰州矿业股份有限公司

湖南辰州矿业股份有限公司前身是冶金工业部湘西金矿，位于湖南省沅陵县境内，具有130多年的黄金开采历史。湘西金矿于2000年12月25日改制成为湖南省省属国有控股大二型企业，于2005年引进清华科技创业投资公司、中国-比利时直接股权投资基金、中信联合创业投资公司等国内外知名企业作为战略投资者对公司增资扩股，并在

2007 年完成首次公开发行股票后在深圳交易所挂牌上市。公司的股票简称为“辰州矿业”，证券代码为“002155”。辰州矿业氧化锑、精锑商标“辰州 CHENZHOU 及图”获得中国驰名商标称号。辰州矿业股份有限公司目前是全球第二大开发锑矿公司，公司拥有 2 万吨/年精锑冶炼生产线、2 万吨/年多品种氧化锑生产线等产品深加工能力。辰州矿业完成上市以后，开始在全国范围内的矿产资源优势地区进行积极布局，重点寻求锑的矿山资源进行合作，直接从地质勘探单位或者其他拥有矿业权的单位收购矿权，不断占有锑资源，扩大生产经营规模。逐步由一家区域性公司发展成为一家全国性的矿业企业，被认定为省级企业技术中心单位、省高新技术企业。公司已经在甘肃、新疆、河北、湖北等省建立了省外的矿产资源基地，在省外的资源开发布局已经全面展开。同时公司利用在金锑分离方面的核心技术，在全国乃至全球范围内收购金锑伴生的精矿，通过贸易方式寻找和发现全球范围内的金锑伴生矿山资源，为下一步的资源占有和扩展提供基础。公司 2012 年实现销售收入 47. 29 亿元，同比增长 15. 87%；实现利润总额 6. 29 亿元，同比减少 6. 90%。2012 年生产锑品 27192t，同比增长 16. 95%，其中精锑 6280t、氧化锑 14393t、含量锑 6402t、乙二醇锑 117t。2012 年锑品销售收入 158395. 97 万元，同比减少 4. 20%，主要原因是价格下降。

第九篇

安全、环保与清洁生产

第一章　锑行业安全生产条件

（1）企业应当有健全的安全生产管理机构，或者配备专职安全生产管理人员；主要负责人和安全生产管理人员经安全生产监督管理部门考核合格，取得安全资格证书；特种作业人员经有关业务主管部门考核合格，取得特种作业操作资格证书；其他从业人员依照规定接受安全生产教育和培训，并经考试合格。

（2）企业要建立健全主要负责人、分管负责人、安全生产管理人员、职能部门、岗位安全生产责任制；制定安全检查制度、职业危害预防制度、安全教育培训制度、生产安全事故管理制度、重大危险源监控和重大隐患整改制度、设备安全管理制度、安全生产档案管理制度、安全生产奖惩制度、领导带班下井制度等规章制度，制定作业安全规程和各工种操作规程。

（3）矿山建设项目竣工并经安全监管部门验收合格后，必须依法提出安全生产行政许可申请，经安全监管部门审核合格颁发《安全生产许可证》后，方可投入生产。

（4）企业严格执行建设项目安全设施“三同时”制度。新建、改建、扩建项目安全设施要与主体工程同时设计、同时施工、同时投入使用。

（5）企业应依照国家有关规定足额提取安全生产费用，安全投入符合安全生产要求。

（6）企业依法参加工伤保险，为从业人员缴纳保险费。

（7）企业要制定防治职业危害的具体措施，并为从业人员配备符合国家标准或者行业标准的劳动防护用品。

（8）危险性较大的设备、设施按照国家有关规定进行定期检测检验。

（9）企业应制定事故应急救援预案，建立事故应急救援组织，配备必要的应急救援器材、设备；生产规模较小可以不建立事故应急救援组织的，应当指定兼职的应急救援人员，并与邻近的矿山救护队或者其他应急救援组织签订救护协议。

（10）每个矿井至少应有两个独立的直达地面的安全出口，安全出口的间距应不小于30m；每个生产水平（中段）均应有两个便于行人的安全出口，并应同通往地面的安全出口相通。

（11）井下必须建立机械通风系统、排水系统；矿井提升运输系统有可靠的安全保护装置；一级负荷须采用双回路、双电源供电。

（12）企业要按照国家有关规定完成安全避险“6＋1”

系统建设，创建安全生产标准化管理体系。

第二章 锑行业安全生产案例——闪星公司安全生产

第一节 安全基础工作

一、基本概况

公司安全管理机构健全，三级安全网络畅通，建立了安全生产委员会，配备了安全管理机构——安环部，负责整个公司的安全环保和职业健康监督检查。安环部下设安全科、环保科和职业健康科，各二级主要生产单位相应设立安全环保科，各工区、车间、工段配备专职安全员，负责日常安全生产检查。

二、安全标准化和 HSE 体系建设

为顺应安全形势的要求，2010 年 4 月公司启动了矿山安全标准化建设，9 月启动了危化品安全标准化建设，2011 年 5 月、9 月分别取得了省安监局颁发的矿山三级、危化品二级安全标准化证书。

2012 年 6 月公司开始创建矿山安全标准化二级企业，经过文件修编、体系运行、内部审核、外部审核及省局认证等六个阶段，于 2013 年 7 月通过省安监局现场复核，8 月份取

得了矿山安全标准化二级企业牌匾。通过安全标准化体系建设，矿山井下作业现场得到明显改善，减少了事故的发生。

2011 年 6 月公司依据《五矿集团公司 HSE 管理体系导则》及《五矿集团公司 HSE 管理体系规范》要求，启动了 HSE 管理体系建设，经历了宣传培训、文件编写、体系运行、内部审核和外部审核认证五个阶段。2012 年 11 月获得 ISO14001 及 OHSAS18001 认证证书。

三、安全文化

近三年公司开展了“安全在我心中”的演讲比赛、“落实企业安全生产主体责任”知识竞赛、典型事故案例巡展、“写一封家书，共筑安全防线”、“重温安全职责，书写安全寄语”等活动，营造了浓厚的安全文化氛围。

南矿、采选厂还分别在食堂、井口休息室安装电视屏，播放安全教育片；在地面停车场、中段石门等处设置安全文化宣传栏，让员工掌握安全知识；在指令室张贴安全生产誓言词，进班前区长带领员工宣誓，提高员工的安全责任心。

第二节　安全新技术推广应用

一、井下起爆技术的推广

2012 年国家最新爆破安全规程（GB 6700—2011）规定

"矿山采掘工程爆破必须采用远程起爆，民爆器材生产企业今后不再生产技火雷管起爆装置"。锡矿山两矿现有采掘工程起爆方法已不适应新形势的要求，必须进行技术革新。2012年10~12月公司组织生产，安环部门通过井下反复爆破试验与研究，试验取得成功并于2013年初在两个矿山全面推广应用。

二、采场支护技术发展

锡矿山井下矿体上盘均为极不稳固的页岩，顶板安全管理是该公司"五大安全关键"之一。1989年8月公司引进水泥药卷锚杆技术，并建厂生产，1990年10月在南矿13中段部分采场进行工业性试验，经鉴定后在两个矿山推广使用。

三、安全避险"6+1"系统建设

2011年9月，公司正式启动矿山安全避险"6+1"系统建设，2011年12月建成了龙王池尾矿库在线监测系统；2012年10月两矿井下压风自救、供水施救系统完成；2012年11月30日两矿人员定位、通信联络、监测监控系统及南矿避难硐室施工安装完毕，投入运行。2013年8月湖南省安监局专家组一致认定符合设计方案，达到国家建设规范标准，"6+1"系统建设总投资1100万元。

第三节　安全技措项目建设

一、充填系统建设

20 世纪 80 年代中期，南矿、北矿分别建成了深部和浅部充填系统，有效地控制了大面积地压活动。但近几年随着浅部残矿资源回收力度的加大，原有充填系统已越来越不能满足生产需要，为此，2010～2012 年公司与中南大学合作，投入 1000 万元在两个矿山建立浅部膏体充填系统，分别于 2013 年 1 月和 6 月投入生产，对浅部采空区进行处理，两套系统保证了充填质量，可有效控制地压岩移。

二、南矿南斜巷改造

南矿二号竖井始建于 20 世纪 60 年代，延伸深度 505m，为箕斗、罐笼混合井，井筒中间隔筛没有全封闭，箕斗的提升对乘人罐笼构成重大安全隐患。2011 年初公司投入 2000 万元在南矿南斜巷安装架空乘人装置（猴车），作业人员改由南斜巷进出，以彻底解决二号竖井“人、矿提升共用一井”的被动局面，2013 年 7 月正式投入使用，运行效果良好。

三、通风系统调整改造

南矿矿井通风系统分浅部和深部的东、中、西等五个分区不独立的系统，采用棋盘式通风系统。采选厂通风系统为单异对角式通风系统。随着生产区域不断向浅部、边部、深部延伸，生产与通风之间的矛盾越来越突出。

2011 年与中南大学合作通过现有通风系统的调研，完成了《锡矿山通风系统优化方案研究报告》，2012～2013 年公司投入 500 万元完成了两个矿山通风系统改造工程，重新合理分配风量，满足了生产需要，降低了深部中段温度，改善了井下作业环境。

第三章　环保与清洁生产

锑的采矿、选矿、冶炼生产过程中，都可能不同程度的产生环境污染，必须采取行之有效的防治理措施。

锑的采矿过程中产生的主要污染物随矿石所含的成分不同有很大差异，一般是井下废水和采矿废石。采矿废石一般属普通固废，利用排土场进行堆存，一般不会对环境产生大的污染。以“世界锑都”锡矿山为例，井下废水中主要含有悬浮物和锑、砷等污染物，其中锑、砷一般是伴随悬浮物存在。当其中的悬浮物经过沉淀处理达标后，废水中的砷浓度一般为 0.50mg/L 以下，废水中锑的浓度一般为 5mg/L 以下。如果不进一步进行深度处理，均难以达到《锡锑汞工业污染物排放标准》中规定的砷 0.1mg/L、锑 0.3mg/L 的限值。

锑的选矿一般有手选、浮选工艺，产生的主要污染物有选矿废水、尾砂和选矿废石。选矿废水中的污染因子和井下废水相近，一般采取沉淀处理后回用，不外排。选矿产生的尾砂经过分级处理，其中粗颗粒尾砂用于井下填充，剩余尾砂和充填分级细泥（砂）采用尾砂库进行沉淀处理。处理后，尾砂和细泥用尾砂库堆存，废水可以返回选厂回用；如果有不能回用的废水，其中锑的浓度一般为 3 ~ 7mg/L，必须进行处理，才能排放。选矿废石一般属普通固废，利用排土场进行堆存，一般不会对环境产生大的污染。

2014 年 5 月 16 日，国家颁布了《锡锑汞工业污染物排放标准》(GB 30770—2014)，对锑工业污染物排放限值进行了规定。为了解决矿山井下废水和尾砂库含锑废水的超标问题，锡矿山闪星锑业有限责任公司建设了处理能力为一套 5500m^3/d 的含锑废水处理装置。该系统采用化学处理（加絮凝剂）后再经过电絮凝深度处理技术处理，可以实现废水达标排放。

锑的冶炼一般包括初炼、精炼和锑的深加工工艺过程。

锑的粗炼一般采用鼓风炉进行挥发熔炼，产生的主要污染物有二氧化硫废气、鼓风炉炉渣及其少量冲渣水、车间洗水。鼓风炉烟气中二氧化硫浓度一般高达 5000 ~ 15000mg/m^3，如果采用富氧鼓风熔炼，浓度还有可能更高，并随进料过程的变化而波动。该废气脱硫是锑品生产中环境保护工作的重点和难点，一般采用碱法、钙法或双碱法、亚钠法、吸附解吸制酸法等多种治理技术，且各有优缺点。目前，锡矿山闪星锑业公司锑厂采用的双碱法脱硫技术是一种应用比较广泛的处理方法，具有脱硫效果好、工艺成熟、投资比较低等优点。采用多级旋流塔板脱硫工艺可将 15000mg/m^3 的烟气处理到 600mg/m^3 以下，但要达到《锡锑汞工业污染物排放标准》限值 400mg/m^3 有一定难度，且脱硫石膏渣必须用合适的场地堆存。一般情况下，该脱硫石膏渣属一般固废，可以用于制造石膏板等。目前，锡矿山闪星锑业公司正在进行锑初炼熔池熔炼、烟气制酸技术攻关，争取实现二氧化硫资源化，确保尾气稳定达标排放。一般情况下，炼锑鼓风炉炉渣是一种一般固体废物，可用作水泥生产原料。鼓风炉冲渣水和车间洗水经过适当沉淀处理后，可以实现污水闭路循环，废水不排放。

锑的精炼一般采用反射炉进行，反射炉产生的污染物主要有含尘烟气和砷碱渣。该烟气经布袋收尘后可以实现达标排放。炼锑砷碱渣是一种含砷、碱的易溶于水的剧毒废渣，属危险固体废弃物，必须予以妥善堆存或综合回收利用。锡矿山闪星锑业公司自主研发的炼锑砷碱渣处理生产线是我国第一套综合利用装置，并持有 7 项国家发明专利。该生产线处理能力 5000t/a，通过溶浸、过滤、砷碱分离、浓缩、干燥等工序，可以实现砷碱渣全部综合利用。该生产线是国家炼锑砷碱渣综合利用示范工程，不但可以综合利用该公司新产生的砷碱渣，还可加快该公司历史库存的砷碱渣综合利用。

锑品深加工主要产品是锑白，一般采用反射炉产生的精锑（俗称锑白原料）经锑白炉氧化吹炼。其产生的主要污染物是烟气中的氧化锑粉尘，该粉尘同时也是锑白炉的产品，一般经布袋收尘处理后，可以实现达标排放。

锑品清洁生产问题主要有锑冶炼过程中的鼓风炉、反射炉无组织排放问题和鼓风炉的余热利用问题。鼓风炉在进料过程中，有部分锑矿石、焦炭的细微颗粒随炉顶进料口钟罩间隙以粉尘方式逸出；反射炉的无组织排放问题主要是在将锑氧粉加入炉膛时，可能通过进料口以粉尘方式逸出，均可以采用布袋收尘系统等方式进行处理。鼓风炉在生产过程中，生产大量的余热通过炉内水套导出，锡矿山闪星锑业公司将其用于砷碱渣综合利用系统的蒸发浓缩等工序，很好地解决了鼓风炉余热的利用问题。

第十篇

综合利用及循环经济

第一章　锑采矿资源综合利用、循环经济

第一节　矿柱回采

我国锑金属矿山主要采用两步骤回采的采矿方法，不论是采用空场法（包括留矿法），还是充填法，为了支撑围岩而控制地压和保护空场巷道，隔离上部、周围的废石或充填料，以及为形成放矿底部结构，留下了各种矿柱。这些矿柱包括顶柱、底柱、间（壁）柱、房内矿柱（点柱），其量约占采场矿量的15%～60%。此外，为保护地表构（建）筑物、井巷工程或河床等而留设的保安矿柱，这部分矿柱在服务期限内，由于开采技术和经济条件的改善，部分也达到了回收的条件。

矿柱回采是矿山生产中极为重要的一环，及时而有效地回采矿柱是降低矿石损失贫化和提高矿山经济效益的重要途径，是达到集中作业的关键所在。目前许多矿山多中段分散作业，是由于矿柱未及时回采的必然后果，这种状况导致了

设备利用率低，风、水、电等能源消耗大，劳动生产率低，管理复杂，经济效益达不到应有的水平。近几年来，矿山开始重视矿柱回采方法，积累了一定的经验，对达到设计和稳定矿山产量以及提高经济效益均起到了良好的作用。

我国锑金属矿山的矿柱回采，因各矿山的矿体赋存条件、矿岩稳固性、矿石品位高低、地表是否允许塌陷、矿房采用的回采方法、矿柱类型和采空区状态等不同，矿柱的回采方法各异。全面采矿法和房柱法矿房中所留的规则或不规则矿柱，主要用抽柱法、削柱法、替换法回采，其中替换法主要用于回收品位高的矿柱。留矿采矿法矿柱的回采方法目前主要用中深孔崩落法、分段空场法、充填法回采。充填采矿法矿柱的回采方法：顶柱、间柱主要采用上向水平分层水砂（干式）充填法，底柱回采比较困难，目前大多采用人工房柱法。保安矿柱回采，锡矿山锑矿南矿试验应用了人工壁柱房柱采矿法，矿石损失率为 85% 以上，贫化率低于 10%，这不仅为该矿大规模开采保安矿柱提供了依据，积累了经验，而且可供其他矿山借鉴。

第二节 全尾矿充填与尾矿废水循环利用

传统的水泥胶结充填采用分级尾矿，泥质及细粒级尾矿被排放至尾矿库，不仅增加了库坝的维护费用，而且造成环境污染。现代充填技术不仅要考虑采矿工艺的需要，还要考虑矿山废弃物的综合利用、环境保护和减少污染的社会要求，实现无废开采。因此，应完全、彻底地将全部尾矿用于井下回填。

利用尾矿充填采空区，可减少尾矿储存带来的占地、尾矿库管理与扩建、环境污染等问题，具有较高的间接经济效益与社会效益和环境效益。

锡矿山闪星锑业有限责任公司在利用全尾矿充填处理采空区方面走在我国锑金属矿山的前列。该公司自 2011 年开始试验研究，目前已分别在南矿、采选厂建设了两套全尾矿充填工艺系统用于生产。该工艺系统是从选厂经管道输送至充填制备站的全尾矿通过管道自流至浓密机脱水，再经脱水筛二道脱水后，进入卧式砂仓，滤水后通过电耙向稳料仓供料，经安装在稳料仓底部的振动放料机和皮带秤的计量后通过皮带运输机输送至搅拌桶。所有充填物料在搅拌桶内强力搅拌形成符合质量浓度要求的全尾矿膏体料浆，然后通过高压泵加压后经管道输送至待充采场充填。

充填用水采用全尾矿溢流水沉淀后的澄清水，由水泵送至搅拌桶。沉淀池多余的澄清水送至废水池加碱中和处理，大部分返回选矿工艺循环使用，多余部分排放河流，做到废水综合利用和达标排放。

第二章　锑冶炼资源综合利用

我国锑矿伴生资源丰富，其中以广西河池脆硫铅锑矿、湘西金矿、旬阳汞锑矿等锑伴生矿最为著名，目前锑矿伴生有价金属均能得到有效综合回收与利用。此外，炼铅阳极泥综合回收锑，铅蓄电池综合回收锑、炼锑铅渣综合利用等对我国锑资源的综合回收、资源再生、发展循环经济起到了举足轻重的作用。

第一节 锑冶炼金的综合回收

湖南辰州矿业股份有限公司利用锑鼓风炉工艺将锑金物料投入鼓风炉内挥发熔炼，金属锑挥发进入烟气，锑锍、贵锑等在前床不沉降分离，产出贵锑含金达 800 ~ 1200g/t。其原则流程如图 10-1 所示。

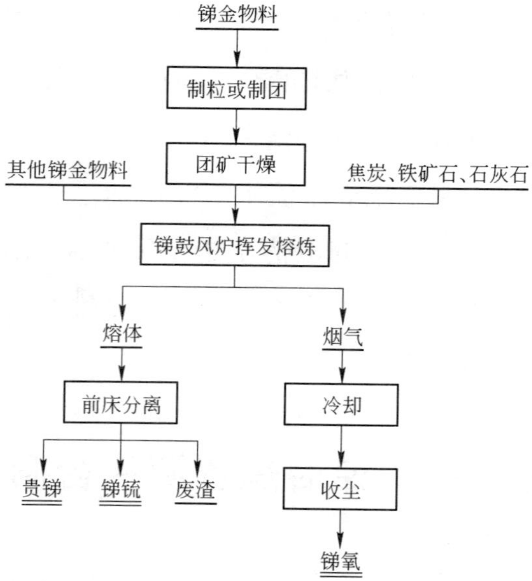

图 10-1 锑金物料处理原则工艺流程

将锑金物料与铁矿石、石灰石和焦炭循环投入锑鼓风炉内进行挥发熔炼，锑金物料中的非块状锑金原料是配以占该锑金原料质量分数7% ~11%的石灰，压制成团球，通过干燥至含水5% ~7%后再投入鼓风炉中；从前床投入毛锑或高铅贵锑作捕金剂，毛锑各成分的质量分数为：Sb 85% ~90%，Pb 5% ~10%，高铅贵锑各成分的质量分数为：Sb 75% ~80%，Pb 10% ~15%，Au 100 ~200g/t；熔体通过鼓风炉与前床之间的咽喉口从鼓风炉缸流入前床中，进行沉降分离，由于熔体中各种物质的密度的不同，在前床反射炉中形成废渣、锑锍和贵锑的三种成分的分层，控制前床温度不低于1150℃（保证前床中各种熔体的流动性），在前床出炉口放出含金的贵锑，含金品位可达800 ~1200g/t，达到金的富集；大部分锑在鼓风炉中被氧化成氧化锑挥发，形成含锑75% ~78%的氧化锑，实现锑金的初步分离；锑锍与废渣分别从前床的锑锍口与放渣口放出。

锡矿山闪星锑业有限责任公司利用锑鼓风炉工艺，通过在前床炉尾设置挥吹炉，产出贵锑含金800 ~1000g/t，实现锑金的初步分离。

第二节　锑冶炼汞的综合回收

陕西旬阳金鑫矿业有限公司利用锑平炉工艺，实现了锑汞分离，年回收金属汞200t左右。其原则工艺流程如图10-2所示。

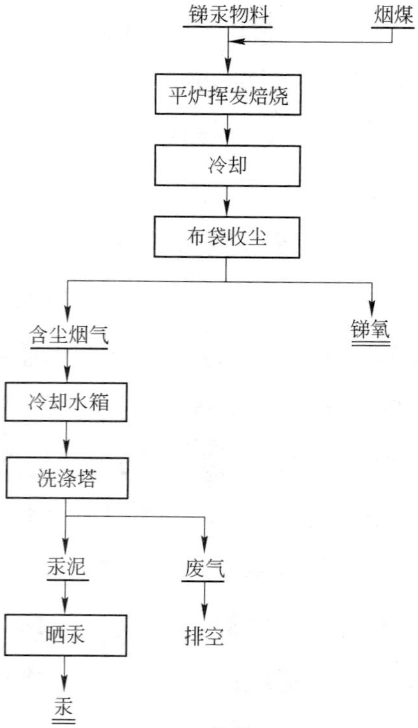

图 10-2　汞锑浮选精矿处理原则工艺流程

锑汞物料和烟煤分层分次加入锑平炉内，在炉内形成 1100 ~ 1200℃的高温，金属锑和汞全部挥发进入冷凝收尘系统，废渣丢弃。烟气经布袋过滤后得锑氧，含汞烟气进入强制冷却水箱冷却后，金属汞以汞炱形式进入汞泥，尾气经洗涤塔洗涤，部分未冷凝的汞形成汞泥和汞炱一起经晒汞，产出金属汞；锑氧经反射炉还原熔炼产出精锑。

第三节　炼铅阳极泥综合回收锑

目前我国铅冶炼企业铅阳极泥每年附产含锑物料锑含量约2.5万吨。综合回收利用这部分锑资源，对我国锑资源的开发利用、发展锑资源循环经济意义较大，既解决了国内铅冶炼附产含锑物料处理过程中产生环境污染问题，又对金、银、锑、砷、铅等实现了综合回收。

河南豫光金铅股份有限公司采用底吹熔池熔炼连续炼锑的生产工艺处理铅阳极泥附产含锑物料，将附产含锑物料锑、铁矿石、石子和无烟煤按照比例计量并混合均匀，连续进料进入底吹氧化熔炼炉内进行熔化、反应，产出烟气和熔体；熔体进入电热前床中沉降分离，产出弃渣、锑锍、贵锑，弃渣水淬后作为水泥辅料，锑锍返回底吹氧化炉配料，贵锑进行电解；产出烟气处理后制酸，所得烟尘经制粒后进入底吹还原炼锑炉中与铁矿石、石子和无烟煤熔化、反应，产出粗锑、还原渣和烟气；还原渣返加底吹氧化熔炼炉中配料；烟气经净化后排空；所得烟尘经制粒后进入底吹还原炼锑炉；粗锑进入精炼系统。

第四节　废铅蓄电池综合回收锑

随着我国交通运输业的高速发展，废旧铅蓄电池量也急剧增加，据不完全统计，我国每年报废铅蓄电池约5000万只，其中锑含量约1万吨左右。因此，综合回收利用废旧铅蓄电池中的锑，不仅可以消除对环境的危害，而且还可以有效提高锑资源的利用率。

传统再生废铅蓄电池的方法主要有反射炉熔炼、鼓风炉熔炼、坩埚炉熔炼等火法处理工艺。为提高金属的回收率，现在发展成湿法—火法联合处理工艺，主金属的综合回收率可达到97%，主要产出物为铅锑合金，作为铅蓄电池的原料返回使用。

第五节　炼锑铅渣综合回收利用

随着锑冶炼除铅精炼工艺技术的推广应用，我国锑冶炼企业产生了大量的除铅渣，铅渣含锑约35%～40%。为了综合回收利用渣中的锑、铅等有价金属，2010年锡矿山闪星锑业有限责任公司首次建成了1200t炼锑铅渣处理生产线，主要工艺如下：

（1）一次浸出。浸出剂为水和铵盐；浸出温度室温－100℃，浸出30～90min；将浸出物料过滤，得到含锑、铅等有价金属的滤渣和含磷滤液。

（2）二次浸出。加水1～3倍于滤渣中，在50～100℃的温度下，浸出30～90min，过滤，二次滤液返回一次浸出，滤渣返回锑冶炼生产系统。

（3）吸氨化合。

（4）沉铅、砷。加入除铅、砷的沉淀剂，沉铅、砷后的滤液通过再次过滤，沉清，得到磷酸盐溶液，浓缩，结晶，得到磷酸盐产品。

该工艺综合回收除铅渣中的各种有价成分，且不产生“三废”二次污染。

第十一篇

行业标准及配额

第一章　标　　准

第一节　三氧化二锑标准

2013 年由国家质检总局发布了三氧化二锑国家标准（GB/T 4062—2013）。

GB/T 4062—2013 技术条件要求见表 11-1。

表 11-1　三氧化二锑的化学成分及物理性能

牌　号			Sb_2O_3 99.90	Sb_2O_3 99.80	Sb_2O_3 99.50	Sb_2O_3 99.00
化学成分 /%	Sb_2O_3		≥99.90	≥99.80	≥99.50	≥99.00
	杂质	As	≤0.0040	≤0.0450	≤0.0450	≤0.150
		Pb	≤0.0090	≤0.0740	≤0.0930	≤0.186
		Fe	≤0.0030	≤0.0035	≤0.0042	
		Cu	≤0.0015	≤0.0020	≤0.0025	
		Se	≤0.0040	≤0.0040	≤0.0050	
		Bi	≤0.0010	≤0.0020	≤0.0020	
		Cd	≤0.0005	≤0.0010	≤0.0015	

续表 11-1

牌 号		Sb_2O_3 99.90	Sb_2O_3 99.80	Sb_2O_3 99.50	Sb_2O_3 99.00
物理性能	白度/%	≥97	≥93	≥93	90
	平均粒度/μm	约 0.3	0.3~0.9	0.3~0.9	
		0.3~0.9	0.9~1.6	0.9~1.6	
		0.9~1.6	1.6~2.5	1.6~2.5	
	立方晶型/%	≥95	≥90	≥90	
	EG 溶解透光率/%	≥97			
	色值 *b*	≤1.2			

需方要求时，供方可测定三氧化二锑中的吸油量、消色力、遮盖力。

第二节 锑锭标准

1998 年由国家质检总局发布了锑锭国家标准（GB/T 1599—2002）。

锑锭的化学成分见表 11-2。

表 11-2 锑锭的化学成分

牌号	化学成分/%								
	Sb	杂质含量							
		砷	铁	硫	铜	硒	铅	铋	杂质总和
Sb 99.90	≥99.90	≤0.02	≤0.015	≤0.008	≤0.01	≤0.003	≤0.03	≤0.0030	≤0.10
Sb 99.85	≥99.85	≤0.05	≤0.02	≤0.04	≤0.015			≤0.0050	≤0.15
Sb 99.65	≥99.65	≤0.10	≤0.03	≤0.06	≤0.05				≤0.35
Sb 99.50	≥99.50	≤0.15	≤0.05	≤0.08	≤0.08				≤0.50

主成分锑含量是指 100% 减去砷、铁、硫、铜、铅、铋和硒杂质含量总和的值。

各牌号锑锭的杂质，在表 11-2 中规定的最末位后出现的数字，按 GB/T 8170—1987 的规定处理。

锑锭表面不允许有熔洞、夹层、浮渣及外来夹杂物。表面呈星状花纹，并应平整。如需方同意，供方也可提供不呈星状花纹的锑锭。

各牌号的锑锭可以呈锑状或珠状。锑锭结构为截角六面体，每锭的质量不大于 25kg。锑珠无定型，但不应含有外来夹杂物。如用户有其他规格要求时，由供需双方商定。

2011 年由国家质检总局发布了高铅锑锭行业标准（YS/T 415—2011）。

第三节　三硫化二锑有色行业标准

2009 年国家工业和信息化部颁布了三硫化二锑（YS/T 525—2009）有色金属行业标准。

三硫化二锑化学成分见表 11-3。

表 11-3　三硫化二锑化学成分

牌号	化学成分/%						
	锑	化合硫	杂质含量				
			王水不溶物	游离硫	Fe	Pb	As
Sb_2S_3-0	71.00 ~ 72.50	25.50 ~ 28.00	≤0.10	≤0.01	≤0.12	≤0.01	≤0.06
Sb_2S_3-1	70.00 ~ 73.00	25.00 ~ 28.30	≤0.15	≤0.03	≤0.15	≤0.015	≤0.12
Sb_2S_3-2	69.00 ~ 73.00	25.00 ~ 28.30	≤0.30	≤0.05		≤0.020	≤0.12

特殊用途的 Sb_2S_3-0、Sb_2S_3-1 的“盐酸不溶物”应不大于 1.50%，供方应提供“盐酸不溶物”分析数据。

三硫化二锑为深灰色的针状结晶体，不应含有目视可辨的夹杂物。

第四节 锑酸钠有色金属行业标准

2010 年国家工业和信息化部颁布了锑酸钠（YS/T 22—2010）有色金属行业标准。

第五节 锑冶炼企业单位产品能源消耗限额国家标准

2013 年国家质检总局发布了锑冶炼企业单位产品能源消耗限额国家标准（GB 21349—2013）。

第六节 锑原料标准

2006 年国家发展和改革委员会颁布了锑精矿（YS/T 385—2006）有色金属行业标准，其技术要求见表 11-4。

表 11-4 硫化锑精矿的化学成分

类别	品级	锑的质量分数/%	杂质的质量分数/%	
			As	Pb
粉精矿	一级品	≥55	≤0.6	≤0.15
	二级品	≥45	≤0.6	≤0.15

续表 11-4

类 别	品 级	锑的质量分数/%	杂质的质量分数/%	
			As	Pb
粉精矿	三级品	≥35	≤0.4	≤0.15
	四级品	≥30	≤0.4	≤0.15
块精矿	一级品	≥60	≤0.6	≤0.15
	二级品	≥50	≤0.6	≤0.15
	三级品	≥40	≤0.4	≤0.15
	四级品	≥30	≤0.4	≤0.15
	五级品	≥20	≤0.2	≤0.10
	六级品	≥10	≤0.2	≤0.10

硫化锑精矿（硫化锑中的含锑量与精矿中总含锑量之比大于 85%）的化学成分应符合表 11-4 的规定。

混合锑精矿（硫化锑中的含锑量与精矿中总含锑量之比在 15% ~85% 范围内）的化学成分应符合表 11-5 的规定。

表 11-5 混合锑精矿的化学成分

类 别	品 级	锑的质量分数/%	杂质的质量分数/%	
			As	Pb
粉精矿	一级品	≥55	≤0.6	≤0.15
	二级品	≥45	≤0.6	≤0.15
	三级品	≥35	≤0.4	≤0.15
	四级品	≥30	≤0.4	≤0.15
块精矿	一级品	≥60	≤0.6	≤0.15
	二级品	≥50	≤0.6	≤0.15
	三级品	≥40	≤0.4	≤0.15
	四级品	≥30	≤0.4	≤0.15
	五级品	≥20	≤0.2	≤0.10
	六级品	≥10	≤0.2	≤0.10

氧化锑精矿（硫化锑中的含锑量与精矿中总含锑量之比小于15%）的化学成分应符合表11-6的规定。

表 11-6 氧化锑精矿的化学成分

类 别	品 级	锑的质量分数/%	杂质的质量分数/%	
			As	Pb
块精矿	一级品	≥60	≤0.6	≤0.2
	二级品	≥55	≤0.6	≤0.2
	三级品	≥45	≤0.4	≤0.15
	四级品	≥35	≤0.4	≤0.15

粉精矿水分应不大于10%，块精矿水分应不大于0.5%。

浮选粉精矿粒度小于74μm应大于60%；手选块精矿粒度控制在25～150mm范围内。

精矿内不能含有目力可辨的夹杂物。

第七节 检测方法标准

国家先后修制订了一系列锑的化学分析方法、物理检测方法标准，见表11-7。

表 11-7 锑的化学分析及物理检测方法标准

制订年代	标 准 名 称	标 准 号
2008年	锑及三氧化二锑化学分析方法 砷量的测定	GB/T 3253.1—2008
2008年	锑及三氧化二锑化学分析方法 铁量的测定	GB/T 3253.2—2008
2008年	锑及三氧化二锑化学分析方法 铅量的测定	GB/T 3253.3—2008

续表 11-7

制订年代	标准名称	标准号
2009 年	锑及三氧化二锑化学分析方法　硫量的测定	GB/T 3253. 4—2009
2008 年	锑及三氧化二锑化学分析方法　铜量的测定	GB/T 3253. 5—2008
2008 年	锑及三氧化二锑化学分析方法　硒量的测定	GB/T 3253. 6—2008
2009 年	锑及三氧化二锑化学分析方法　铋量的测定　原子荧光光谱法	GB/T 3253. 7—2009
2008 年	锑及三氧化二锑化学分析方法　三氧化二锑量的测定	GB/T 3253. 8—2009
2008 年	锑及三氧化二锑化学分析方法　镉量的测定	GB/T 3253. 9—2009
2008 年	锑及三氧化二锑化学分析方法　汞量的测定	GB/T 3253. 10—2009
2008 年	锑及三氧化二锑化学分析方法铋量的测定火焰原子吸收光谱法	GB/T 3253. 11—2009
2009 年	三氧化二锑物理检验方法	YS/T 324—2009
2009 年	锑精矿化学分析方法　锑量的测定	YS/T 556. 1—2009
2009 年	锑精矿化学分析方法　砷量的测定	YS/T 556. 2—2009
2009 年	锑精矿化学分析方法　铅量的测定	YS/T 556. 3—2009
2009 年	锑精矿化学分析方法　湿存水量的测定	YS/T 556. 4—2009
2009 年	锑精矿化学分析方法　锌量的测定	YS/T 556. 5—2009
2009 年	锑精矿化学分析方法　硒量的测定	YS/T 556. 6—2009
2009 年	锑精矿化学分析方法　汞量的测定	YS/T 556. 7—2009
2009 年	锑精矿化学分析方法　硫量的测定	YS/T 556. 8—2009
2009 年	锑精矿化学分析方法　金量的测定	YS/T 556. 9—2009
2010 年	锑精矿化学分析方法　铜量的测定	YS/T 556. 10—2010
2010 年	锑精矿化学分析方法　镉量的测定	YS/T 556. 11—2010
2010 年	锑精矿化学分析方法　铋量的测定	YS/T 556. 12—2010

续表 11-7

制订年代	标准名称	标准号
2010 年	锑精矿化学分析方法　镍量的测定	YS/T 556.13—2010
2010 年	锑精矿化学分析方法　银量的测定	YS/T 556.14—2010
2010 年	锑精矿化学分析方法　铅、锌、铜、镉、镍等金属量的测定	YS/T 556.16—2010
2010 年	三硫化二锑化学分析方法　硫酸铈容量法测定锑	YS/T 239.1—2010
2010 年	三硫化二锑化学分析方法　燃烧中和法测定化合硫	YS/T 239.2—2010
2010 年	三硫化二锑化学分析方法　燃烧中和法测定游离硫	YS/T 239.3—2010
2010 年	三硫化二锑化学分析方法　重量法测定王水不溶物	YS/T 239.4—2010
2010 年	三硫化二锑化学分析方法　砷钼蓝分光光度法测定砷量	YS/T 239.5—2010
2010 年	三硫化二锑化学分析方法　邻二氮杂菲分光光度法测定铁量	YS/T 239.6—2010
2010 年	三硫化二锑化学分析方法　原子吸收光谱法测定铅量	YS/T 239.7—2010

第二章　限量开采与配额管理

锑被国家列为保护性开采矿种，一是实行限量开采，二是对出口实行配额管理，控制锑品出口。

为保护和合理利用我国优势资源，国土资源部于 2009 年 4 月首次决定对我国锑矿开采实施总量控制管理，当年下达的2009年全国锑矿开采总量控制指标为90180t（金属量），随后每年都下达锑矿开采总量控制指标，2010年为100000t锑矿（金属量），2011年为105000t锑矿（金属量），2013年为98000t锑矿（金属量）。

国家对锑锭和三氧化锑的出口配额管理，由商务部在每年底前根据《货物进出口管理条例》和《出口商品配额管理办法》的规定，公布下年度锑及锑制品出口（供货）企业名单，并下达出口配额数量。表11-8为商务部公布的2012年出口企业名单。

表11-8　2012年锑及锑制品出口（供货）企业名单

序号	企业名称
1	云南联合锑业股份有限公司
2	五矿有色金属股份有限公司
3	贵州省五金矿产进出口有限公司
4	广西日星金属化工有限公司
5	湖南锡矿山闪星锑业进出口有限公司
6	湖南省中南锑钨工业贸易有限公司
7	四川鑫炬矿业资源开发股份有限公司
8	东莞市杰夫阻燃材料有限公司
9	广东三国锑业有限公司
10	兰州金海锑业有限公司
11	广东省五金矿产进出口集团公司
12	广西华锡集团股份有限公司

表11-9和表11-10为商务部公布的2012年锑品出口企业全年配额安排数量。

表 11-9 锑（包括锑合金）及其制品 （t）

地区或企业	配额数量	其中	
湖南省	1595	湖南锡矿山闪星锑业进出口有限公司	6
		湖南省中南锑钨工业贸易有限公司	1589
云南省	67	云南联合锑业股份有限公司	67
贵州省	872	贵州省五金矿产进出口有限公司	872
广东省	769	广东省五金矿产进出口集团公司	769
四川省	26	四川鑫炬矿业资源开发股份有限公司	26
广西壮族自治区	7460	广西华锡集团股份有限公司	7460
五矿有色金属股份有限公司	2280		
总　计	13069		

表 11-10 氧化锑 （t）

地区或企业	配额数量	其中	
湖南省	27174	湖南锡矿山闪星锑业进出口有限公司	16871
		湖南省中南锑钨工业贸易有限公司	10303
云南省	2881	云南联合锑业股份有限公司	2881
广东省	4902	广东省五金矿产进出口集团公司	3339
		广东三国锑业有限公司	1235
		东莞市杰夫阻燃材料有限公司	328
贵州省	3299	贵州省五金矿产进出口有限公司	3299
广西壮族自治区	5423	广西华锡集团股份有限公司	1436
		广西日星金属化工有限公司	3987
甘肃省	1116	兰州金海锑业有限公司	1116
五矿有色金属股份有限公司	9714		
总　计	54509		

表11-11为2008～2012年商务部发放的全国锑锭、三氧化锑出口配额数量。

表11-11　锑品近年出口配额数量　（t）

年　份	2012年	2011年	2010年	2009年	2008年
三氧化二锑	54509	53206	53752	49558	51444
锑　锭	13069	15075	14375	10926	16175

第十二篇

主要政策法规

国家对于锑业的发展，制订了一系列法律法规，规范了准入条件、出口和资源开发等工作。

第一章　锑行业准入条件

第一节　生产企业的设立和布局

（1）新建和改扩建锑冶炼项目应当符合国家产业政策、矿产资源总体规划及锑行业规划，有合法稳定的原料来源（与合法矿山签订原料采购合同，不得购买违规开采的矿产品），项目投资中自有资金比例不得低于50%。

（2）在国家法律、法规、行政规章及规划确定或经县级以上人民政府批准的自然保护区、生态功能保护区、风景名胜区、森林公园、饮用水水源保护区，大中城市及其近郊，居民集中区、疗养地、医院，食品、药品、电子等环境条件要求高的企业周边1km内不得新建锑冶炼企业。已在上述区域内投产运营的锑冶炼企业要根据该区域规划，通过搬迁、转停产等方式逐步退出。

第二节　生产规模和工艺装备

新建、改扩建项目精锑（锑锭）或锑白（三氧化二锑）年生产能力不得低于5000t。主要设备鼓风炉风口区截面积不小于1m^2/座，反射炉炉膛不小于10m^2/座，浸出槽罐不小于5m^2/台。拥有综合回收和“三废”处理等完整的工艺流程。

第三节　资源回收利用及能耗

一、精锑

冶炼综合回收率：以硫氧混合矿为原料，锑不少于90%；以氧化矿为原料，锑不少于88%；以硫化矿为原料，锑不少于95%；以脆硫铅锑矿为原料，锑不少于80%、铅不少于88%。有价金属综合回收率不少于80%。

精锑单位产品综合能耗（标准煤）低于1.03t/t，单位产品电耗低于460kW·h/t。

二、锑白（三氧化二锑）

直接法生产锑白：锑回收率不小于90%，单位产品综合能耗（标准煤）不大于1.0t/t，单位产品电耗不大于450kW·h/t。

间接法生产锑白：锑回收率不少于 99%，单位产品综合能耗（标准煤）不大于 0.02t/t，单位产品电耗不大于 100kW·h/t。

三、三硫化二锑

熔析法生产三硫化二锑的锑综合回收率不小于 98%。

四、水资源利用率

综合回收利用水资源，水循环利用率不小于 95%。

第四节　环境保护

（1）新建、改扩建项目严格执行《环境影响评价法》，依法向有审批权的环境保护行政主管部门报批环境影响评价文件。按照环境保护“三同时”要求建设项目相配套的环境保护设施并依法申请项目竣工环境保护验收。

（2）废气。在原料处理、转运、熔炼等过程所有产生粉尘的部位，均应当配备收尘及烟气净化装置。各种炉窑均应当配备袋式收尘装置或其他先进烟气净化收尘装置，废气排放符合《工业炉窑大气污染物排放标准》（GB 9078—1996）和《大气污染物综合排放标准》（GB 16297—1996），具有省级环保部门验收的二氧化硫在线自动监控系统。

主要指标：1997 年 1 月 1 日以前建成投产的企业，二氧化硫排放低于 1200mg/m^3、颗粒物低于 150mg/m^3、硫酸雾低于70mg/m^3、铅及其化合物低于0.9mg/m^3、汞及其化合物低于0.015mg/m^3、镉及其化合物低于1.0mg/m^3、锡及其化合物低于10mg/m^3 等；1997 年 1 月 1 日以后建成投产的企业，二氧化硫排放低于960mg/m^3、颗粒物低于120mg/m^3、硫酸雾低于45mg/m^3、铅及其化合物低于0.70mg/m^3、汞及其化合物低于0.012mg/m^3、镉及其化合物低于0.85mg/m^3、锡及其化合物低于8.5mg/m^3 等。凡是向已有地方排放标准的区域排放大气污染物的，应当执行地方标准。

（3）废水。废水排放符合《污水综合排放标准》（GB 8978—1996）。主要指标为：pH 值为 6～9、悬浮物低于70mg/L、石油类低于10mg/L、硫化物低于1.5mg/L、总铜低于0.5mg/L、总锌低于2.0mg/L、总锰低于2.0mg/L 等。凡是向已有地方排放标准的水体排放污染物的，应当执行地方标准。

（4）废渣。设有专用的鼓风炉炉渣堆存处置场地，并符合《一般工业固体废物贮存、处置场污染控制标准》（GB 18599—2001）。对砷碱渣和含锑废渣应当进行危险废物特性鉴别，经鉴别不属于危险废物的按一般工业固体废物管理，属于危险废物的依法按危险废物进行管理，其储存设施符合《危险废物贮存污染控制标准》（GB 18597—2001）、《危险废物填埋污染控制标准》（GB 18598—2001） 等的规定。

（5）噪声。厂内噪声符合《工业企业厂界噪声标准》（GB 12348—90Ⅲ）。

（6）国家发布行业污染物排放标准后按新的行业标准执行。

第五节　产品质量

企业应当有独立的质量检验机构和专职检验人员，有健全的质量检验管理制度。精锑（锑锭）产品质量符合国家标准 GB/T 1599—2002，锑白（三氧化二锑）产品质量符合国家标准 GB/T 4062—1998，三硫化二锑产品质量符合国家标准 GB 5226—86，其他锑品质量符合部、省、行业颁布的产品质量标准。

依据《工业品生产许可证管理条例》、《危险化学品安全管理条例》，企业生产属于国家生产许可制度管理的产品，应当依法取得工业生产许可证，不得生产、销售或在经营活动中使用未获得生产许可证的产品。

第六节　安全生产和职业病防治

（1）新建、改扩建冶炼项目应当进行职业病危害预评价和安全预评价。生产经营单位应当遵守《安全生产法》、《职业病防治法》等法律法规，执行保障安全生产的国家标准或行业标准。

（2）企业应当有健全的安全生产组织管理体系，有职工安全生产培训制度和安全生产检查制度。

（3）企业应当遵守《危险化学品管理条例》，危险化学品生产设施应当经过安全评价，获取《安全生产许可证》后方可投入运行。

（4）企业应当有职业危害防治措施，对重大危险源有检测、评估、监控措施和应急预案，并配备必要的器材和设备。尘毒作业场所达到国家卫生标准。

第七节 劳 动 保 险

企业应当遵守国家相关法律法规，依法参加养老、失业、医疗、工伤等各类保险，并为从业人员缴足相关保险费用。

第八节 监督和管理

（1）新建和改扩建锑冶炼项目应当符合本准入条件；现有锑冶炼企业要根据产业结构优化升级的要求，逐步达到本准入条件中环保、能耗、资源综合利用、产品质量、安全生产和职业病防治、劳动保险等方面的要求。

各有关部门在对锑冶炼企业进行投资管理、土地供应、环保审批、信贷融资等工作中要以本准入条件为依据。对不符合本准入条件的新建和改扩建锑冶炼项目，投资管理部门不予审批、核准和备案，金融机构不得提供贷款和其他形式的授信支持，土地管理、城市规划和建设、环境保护、消防、卫生、安监等部门不得办理有关手续。

（2）各级锑行业主管部门和有关执法部门负责对当地生产经营企业执行本准入条件的情况进行监督检查，各级环保部门要加强对锑生产企业的监督检查。中国有色金属工业协会要协助国家有关部门做好监督和管理工作。

（3）国家发展和改革委员会定期公告符合本准入条件的锑生产经营企业名单。不符合本准入条件的企业，不能获得出口供货资格和产品出口许可证。

第二章 锑作为保护性特定矿种的相关勘查、开采、政策措施

（1）1991 年 1 月 15 日，国务院将锑、钨、锡、稀土 4 个矿种列为国家保护性开采特定矿种（《关于将钨、锡、锑、离子型稀土矿产列为国家实行保护性开采特定矿种的通知》(国发〔1991〕5 号)），加上 1988 年确定的黄金，目前保护性开采的特定矿种一共有 5 个。这些矿种是我国重要的优势矿产资源，储量、产量、出口量居世界前列，在国际市场上有着举足轻重的地位。同时，这些重要优势矿产，由于在储量、市场等方面的特殊性，直接影响到世界矿产品市场的供需关系。

（2）公布合格开采保护性矿种的矿山企业名单，规范保护性矿种的探、采矿权发证权限。国土资源部以公告形式发布了符合开采资格的全国钨、锡、锑和稀土矿山名单目

录。同时，进一步规范了钨、锡、锑和稀土的探矿权、采矿权发证权限。2009 年规定，2010 年 6 月 30 日前，除国务院批准的重点项目和使用中央地质勘查基金或省级地质专项资金开展的普查和必要的详查项目，可以设置钨、锑和稀土矿探矿权外，全国暂停受理钨、锑和稀土矿探矿权和采矿权申请。

（3）下达保护性矿种开采总量控制指标。2009 年，开始对锑矿实行开采总量控制。

（4）制定保护性开采矿种管理办法。为加强对保护性开采的特定矿种勘查、开采的管理，保护我国优势矿产资源，不断提高优势矿产的合理开发利用水平，根据《中华人民共和国矿产资源法》及相关法律法规的规定，国土资源部 2009 年制定了《保护性开采的特定矿种勘查开采管理暂行办法》国土资发〔2009〕165 号。

（5）对保护性开采的特定矿种实行有计划勘查、开采管理主要通过按年度分矿种下达保护性开采的特定矿种勘查开采计划和实行开采总量控制管理手段，来对这些特定矿种实行有计划的勘查、开采，逐步实现矿业权有序投放和资源合理利用。

一是国土资源部按照矿产资源规划，根据相关产业政策、资源储量变化、市场供求等因素，按年度分矿种下达保护性开采的特定矿种勘查、开采计划，依法设立探矿权、采矿权，并加强监管。

二是国土资源部加强优势矿产资源开发的总量控制，防止过度开采，2013 年3 月2 日下发了《开采总量控制矿种指标管理暂行办法》，国土资发〔2012〕44 号，办法共5 章17 条。主要内容是：

1）国土资源部负责确定全国年度开采总量控制指标，并分配下达到省级国土资源主管部门；省级国土资源主管部门负责本行政区域开采总量控制指标的分解下达和监督管理，根据本辖区矿山企业的资源储量、开发利用情况、资源利用水平等，将控制指标分解落实到矿山企业；市、县级国土资源主管部门负责总量控制指标执行情况的监督管理。

2）明确控制指标的确定、分配原则和下达方式。国土资源部根据矿产资源规划、产业政策，综合考虑矿产资源潜力、市场供求状况、资源保障程度、采矿权设置和产能产量等因素，确定全年总量控制指标。国土资源部分配各省（区、市）下一年度开采总量控制指标，可采用基数测算法或定量测算法。国土资源部于每年第一季度向各省（区、市）国土资源主管、部门下达当年开采总量控制指标。开采总量控制指标不得跨年度使用。

3）指标管理。开采总量控制指标分解下达后，由矿山企业与其所在地县级国土资源主管部门签订责任书，明确权利、义务和违约责任。国土资源部对各地指标执行情况进行核查，对每年度指标执行情况进行通报。保护性开采的特定矿种开采总量控制指标执行情况实行月报和季报统计制度。矿山企业每月应按规定向当地国土资源管理部门报送保护性开采的特定矿种开采总量控制指标执行情况；各有关省

（区、市）国土资源管理部门每季度向国土资源部上报保护性开采的特定矿种开采总量控制指标执行情况。

第三章 锑品出口商品配额许可

第一节 法律依据

一、《中华人民共和国对外贸易法》节选

第十九条：国家对限制进口或者出口的货物，实行配额、许可证等方式管理；对限制进口或者出口的技术，实行许可证管理。

第二十条：进出口货物配额、关税配额，由国务院对外贸易主管部门或者国务院其他有关部门在各自的职责范围内，按照公开、公平、公正和效益的原则进行分配，具体办法由国务院规定。

二、《货物进出口管理条例》节选

第三十条：国务院有关经济管理部门应当及时将年度关税配额总量、分配方案和关税配额证明实际发放的情况向国务院外经贸主管部门备案。

第四十二条：配额持有者未使用完其持有的年度配额的，应当在当年10月31日前将未使用的配额交还出口配额管理部门；未按期交还并且在当年年底前未使用完的，出口

配额管理部门可以在下一年度对其扣减相应的配额。

三、《出口商品配额管理办法》（外经贸部令2001年第12号）节选

第七条：实行配额管理的出口商品目录，由外经贸部制定、调整并公布。

第九条：出口商品配额总量，由外经贸部确定并公布。

第二节　申请条件

锑品应为商务部公布的锑品国营贸易出口企业名单中的企业。

第三节　许可程序

由地方主管部门提出配额申请函。商务部根据出口配额总量、前3年企业出口实绩及相关系数，利用统一公式计算各企业所得配额量，经司务会讨论通过报部领导批准，以部批件形式告各地商务主管部门。

第四章　锑资源的整合开发

国务院2006年下发了《对矿产资源开发进行整合的意见》规定：

（1）统一规划，分步实施。整合工作应按照矿产资源规划、国家对有关矿产资源总量控制以及产业结构调整和产业发展规划等规定，有计划地分步实施。

（2）以大并小，以优并劣。整合工作应根据资源自然赋存状况，遵循市场经济规律，结合企业重组、改制、改造，以规模大和技术、管理、装备水平高的矿山作为主体，整合其他矿山。

（3）突出重点，分类指导。重点整合影响大矿统一规划开采的小矿、小矿密集区、对国民经济发展有较大影响的重要矿种和优势矿产；根据不同地区、不同矿种和矿山企业的具体情况，因地制宜、因势利导地做好整合工作。

（4）政府引导，市场运作。以资源为基础、矿业权为纽带，坚持政府引导和市场运作相结合，综合运用经济、法律和必要的行政手段，依法推进整合工作。

（5）统筹兼顾，公开公正。兼顾各方利益，依法保护采矿权人的合法权益，积极稳妥推进，维护社会稳定；公开整合过程，广泛接受社会监督。

第五章　矿产资源勘查登记管理有关规定

国务院 1998 年发布《矿产资源勘查区块登记管理办法》规定：

（1）国家对矿产资源勘查实行统一的区块登记管理制度。矿产资源勘查工作区范围以经纬度 $1' \times 1'$ 划分的区块为基本单位区块。每个勘查项目允许登记的最大范围：金属矿产、非金属矿产、放射性矿产为40个基本单位区块。

（2）勘查跨省、自治区、直辖市的矿产资源，由国务院地质矿产主管部门审批登记，颁发勘查许可证。

（3）勘查出资人为探矿权申请人，但是，国家出资勘查的，国家委托勘查的单位为探矿权申请人。

（4）禁止任何单位和个人进入他人依法取得探矿权的勘查作业区内进行勘查或者采矿活动。探矿权人与采矿权人对勘查作业区范围和矿区范围发生争议的，由当事人协商解决；协商不成的，由发证的登记管理机关中级别高的登记管理机关裁决。

（5）探矿权人应当自领取勘查许可证之日起6个月内开始施工；在开始勘查工作时，应当向勘查项目所在地的县级人民政府负责地质矿产管理工作的部门报告，并向登记管理机关报告开工情况。

（6）探矿权人在勘查许可证有效期内进行勘查时，发现符合国家边探边采规定要求的复杂类型矿床的，可以申请开采，经登记管理机关批准，办理采矿登记手续。

（7）探矿权人在勘查许可证有效期内探明可供开采的矿体后，经登记管理机关批准，可以停止相应区块的最低勘查投入，并可以在勘查许可证有效期届满的30日前，申请保留探矿权。但是，国家为了公共利益或者因技术条件暂时难以利用等情况，需要延期开采的除外。

保留探矿权的期限，最长不得超过2年，需要延长保留期的，可以申请延长2次，每次不得超过2年；保留探矿权的范围为可供开采的矿体范围。

第六章 矿产资源开采登记管理有关规定

国务院1998年发布《矿产资源开采登记管理办法》规定：

（1）开采国家规划矿区和对国民经济具有重要价值的矿区内的矿产资源，由国务院地质矿产主管部门审批登记，颁发采矿许可证。

（2）采矿权申请人在提出采矿权申请前，应当根据经批准的地质勘查储量报告，向登记管理机关申请划定矿区范围。

需要申请立项，设立矿山企业的，应当根据划定的矿区范围，按照国家规定办理有关手续。

（3）采矿许可证有效期，按照矿山建设规模确定：大型以上的，采矿许可证有效期最长为30年；中型的，采矿许可证有效期最长为20年；小型的，采矿许可证有效期最长为10年。采矿许可证有效期满，需要继续采矿的，采矿权人应当在采矿许可证有效期届满的30日前，到登记管理机关办理延续登记手续。

采矿权人逾期不办理延续登记手续的，采矿许可证自行废止。

（4）登记管理机关在颁发采矿许可证后，应当通知矿区范围所在地的有关县级人民政府。有关县级人民政府应当自收到通知之日起 90 日内，对矿区范围予以公告，并可以根据采矿权人的申请，组织埋设界桩或者设置地面标志。

（5）任何单位和个人未领取采矿许可证擅自采矿的，擅自进入国家规划矿区和对国民经济具有重要价值的矿区范围采矿的，擅自开采国家规定实行保护性开采的特定矿种的，超越批准的矿区范围采矿的，由登记管理机关依照有关法律、行政法规的规定予以处罚。

第七章 矿产资源法中对锑资源开发的有关规定

1986 年通过了《中华人民共和国矿产资源法》并于 1996 年进行了修正，规定：

（1）国有矿山企业是开采矿产资源的主体。国家保障国有矿业经济的巩固和发展。

（2）国家对国家规划矿区、对国民经济具有重要价值的矿区和国家规定实行保护性开采的特定矿种，实行有计划的开采；未经国务院有关主管部门批准，任何单位和个人不得开采。

（3）矿山企业变更矿区范围，必须报请原审批机关批准，并报请原颁发采矿许可证的机关重新核发采矿许可证。

（4）地方各级人民政府应当采取措施，维护本行政区域内的国有矿山企业和其他矿山企业矿区范围内的正常秩序。禁止任何单位和个人进入他人依法设立的国有矿山企业和其他矿山企业矿区范围内采矿。

（5）开采矿产资源，必须采取合理的开采顺序、开采方法和选矿工艺。矿山企业的开采回采率、采矿贫化率和选矿回收率应当达到设计要求。

（6）在开采主要矿产的同时，对具有工业价值的共生和伴生矿产应当统一规划，综合开采，综合利用，防止浪费；对暂时不能综合开采或者必须同时采出而暂时还不能综合利用的矿产以及含有有用组分的尾矿，应当采取有效的保护措施，防止损失破坏。

（7）开采矿产资源，应当节约用地。耕地、草原、林地因采矿受到破坏的，矿山企业应当因地制宜地采取复垦利用、植树种草或者其他利用措施。

开采矿产资源给他人生产、生活造成损失的，应当负责赔偿，并采取必要的补救措施。

第八章　环境保护法中对锑行业相关的规定

1989 年公布施行的《中华人民共和国环境保护法》规定：

（1）建设项目的环境影响报告书，必须对建设项目产生的污染和对环境的影响作出评价，规定防治措施，经项目主管部门预审并依照规定的程序报环境保护行政主管部门批准。环境影响报告书经批准后，计划部门方可批准建设项目设计任务书。

(2) 产生环境污染和其他公害的单位，必须把环境保护工作纳入计划，建立环境保护责任制度；采取有效措施，防治在生产建设或者其他活动中产生的废气、废水、废渣、粉尘、恶臭气体、放射性物质以及噪声、振动、电磁波辐射等对环境的污染和危害。

(3) 建设项目中防治污染的设施，必须与主体工程同时设计、同时施工、同时投产使用。防治污染的设施必须经原审批环境影响报告书的环境保护行政主管部门验收合格后，该建设项目方可投入生产或者使用。

防治污染的设施不得擅自拆除或者闲置，确有必要拆除或者闲置的，必须征得所在地的环境保护行政主管部门同意。

(4) 因发生事故或者其他突然性事件，造成或者可能造成污染事故的单位，必须立即采取措施处理，及时通报可能受到污染危害的单位和居民，并向当地环境保护行政主管部门和有关部门报告，接受调查处理。

(5) 可能发生重大污染事故的企业事业单位，应当采取措施，加强防范。

第十三篇

中国十大生产商、国外主要生产商和世界十大消费地区

第一章　中国十大生产商

第一节　锡矿山闪星锑业有限责任公司

锡矿山闪星锑业有限责任公司是一家已有 110 多年历史，以锑采、选、冶为主，集冶炼、科研为一体的大型有色金属联合企业，是全球最大的锑品生产商和供应商，是中国锑品主要研发和出口基地，产品远销日本、美国、欧洲等 50 多个国家和地区，素有“世界锑都”之美称。该公司主要产品有锑锭、三氧化二锑、乙二醇锑、精锌、精铟等。其年锑锭生产量为 22kt/a，三氧化二锑产量为 30kt/a，三氧化二锑产量占全球消费量的 25%。

闪星公司拥有目前世界锑行业领先的锑品生产技术。闪星公司锑系列产品生产全部具有自主知识产权，拥有 18 项国家发明专利，获省部级以上科技成果奖 56 项，参与制订了 13 项锑行业国家标准。2009 年 11 月，公司技术中心经国

家发改委等五部委组织专家评审，被授予“国家级企业技术中心”称号，同时，公司被省科技厅认定为“高新技术企业”。

闪星公司锑系列产品采用“闪星牌”商标，“闪星牌”商标先后在日本、美国注册。2007年，“闪星牌”商标被国家工商行政管理总局认定为“中国驰名商标”。该公司质量检测中心2005年获中国实验室认可委员会认可证书，成为我国锑行业第一个国家认可实验室。2006年“闪星牌”三氧化二锑、锑锭获国家“进出口商品免验证书”。2007年，“闪星牌”三氧化二锑获“中国名牌产品”称号。

第二节　湖南辰州矿业股份有限公司

湖南辰州矿业股份有限公司目前是国内十大黄金矿山开发企业之一，也是全球第二大开发锑矿和国内主要的开发钨矿的公司。该公司目前精锑的生产能力达20kt/a；拥有世界领先的金锑钨共生资源精细分离生产的核心技术；氧化锑系列产品生产能力25kt/a，实际产量为10～15kt/a。

第三节　云南木利锑业有限公司

云南木利锑业有限公司是于1958年改制而成的集采矿、选矿、冶炼、产品开发为一体的股份制企业，目前年产综合锑品能力14kt左右。

第四节　广西华锑化工有限公司

广西华锑化工有限公司为五矿有色金属股份有限公司全资子公司，坐落于南宁市沿海经济走廊开发区。以外购锑锭生产三氧化二锑，三氧化锑产量在10kt/a。

第五节　益阳市华昌锑业有限公司

益阳市华昌锑业有限公司是湖南华昌锑业股份有限公司全资改制而成，公司已形成年产10kt锑系列产品的生产能力。

第六节　广西日星金属化工有限公司

广西日星金属化工有限公司是以外购锑为主要原料生产三氧化锑产品，三氧化锑产量为8kt/a。

第七节　广西华锡集团股份有限公司

广西华锡集团股份有限公司是集采、选、冶、深加工于一身的大型联合企业，锑金属储量丰富，矿山发展前景广阔。拥有年产30kt铅锑的生产能力，由于原料质地的差异，目前该公司全部生产精锑，没有生产氧化锑系列产品。

第八节　河池五吉有限责任公司

河池五吉有限责任公司是集采矿、选矿和冶炼为一体的有色工业企业，拥有富含铅、锑、锌、银等多金属矿山两座，有选矿厂两座、冶炼厂两座。主要产品有锑锭、高纯铅锭、三氧化二锑，锑系列产品年生产能力8kt。

第九节　湖南东港锑品有限公司

湖南东港锑品有限公司是湖南省东安县锑矿与香港东南韶业发展有限公司合资成立的“三资企业”，为集采、选、冶、化、深加工于一体，锑冶炼综合能力达8kt/a。

第十节　锡矿山地区民营企业

2010年3月，冷水江市决定对冷水江市79家产能偏小、规模和环保等不符合国家政策要求的锑矿山、锑选厂、锑冶炼厂予以强制关闭，保留4家矿山和9家冶炼厂。每家冶炼厂的生产能力都达到5kt/a以上，由于生产技术水平的差异，民营锑冶炼厂的产品全部为精锑，实际年产量合计约为 30kt。

第二章 国外主要生产商

第一节 比利时 CAMPINE 公司

比利时 CAMPINE 公司用锑锭加工成三氧化二锑，年产三氧化二锑 1 万吨，所需锑锭大多从中国购买。三氧化二锑品种较为齐全，既有作为阻燃使用的三氧化二锑，也有少量作聚酯催化剂用的三氧化二锑。

第二节 法国的 SICA 公司

法国 SICA 公司用锑锭加工成三氧化二锑，年产三氧化二锑 8000 万 ~ 10000 万吨，所需锑锭大多从中国购买。三氧化二锑主要用于阻燃使用。

第三节 日本精矿株式会社

日本精矿株式会社，年产量在 7000 ~ 8000t，主要是从中国进口锑锭加工氧化锑。近年来，由于中国锑锭供应趋紧和中国氧化锑参与日本市场竞争，他们把部分常规氧化锑在中国采取贴牌生产。

第三章　世界十大消费地区

第一节　中国大陆

塑料和橡胶等阻燃行业仍是三氧化二锑的主要应用领域，卤-锑复合阻燃体系是目前应用最广且最成熟的阻燃体系。当氧化锑与卤系阻燃剂以卤-锑的摩尔比3∶1并用时，能大幅减少卤素阻燃剂的使用量，并能获得最佳的阻燃性能。氧化锑这一特性到目前为止还没有其他材料能够替代。国内目前约有80%的三氧化二锑产品是用于塑料和橡胶等阻燃行业。

聚酯是三氧化二锑应用的第二大行业，而锑是在聚酯缩聚过程中以三氧化二锑或醋酸锑、乙二醇锑作为催化剂加入的，其加入量按锑量计约为聚酯量的0.02%～0.03%。按0.025%计算，国内2011年聚酯产量为3200万吨，则催化剂所消耗的锑金属量约为8000t，换算为三氧化二锑为9600t；2010年全球聚酯总产量为5958万吨，按此计算2010年全球聚酯催化剂所消耗的锑金属量约为14895t，换算为三氧化二锑为17874t。根据市场调查显示，未来五年间全球聚酯年需求量仍将以每年平均5%的速度增长，对中国而言，其增长率则高达10%，其中纺织纤维用聚酯仍将保持8%，而瓶用聚酯方面，可高达15%。随着社会经济的发展和人们生活水平的不断提高，聚酯瓶已逐渐成为人们首选的包装材料，在食品、饮料、药品、日用化妆品等领域中得到了越来越广泛的应用。目前国内聚酯产量的增长潜力是巨大的，而三氧化二锑在这一行业的用量，不论在中国或世界，仍将会保持持续增长。

三氧化二锑作为石油钝化剂的原料用于石油炼油行业。在原油催化裂化过程中，原油中所含的镍、钒等重金属会使催化剂中毒，为此需要在原料中加入以三氧化二锑为原料制成的五氧化二锑复合钝化剂，以提高轻质油收率。随着石油需求的增加，钝化剂的需求量在不断增加。

中国大陆三氧化二锑消费总量约为4.5万吨，占全球三氧化二锑消费量（12万吨）的38%，是全球最大的三氧化二锑消费市场。

第二节　美　　国

美国是全球第二大锑品消费市场，其年消费的三氧化二锑达25000～28000t，美国以前有三氧化锑生产厂，但现在都已停产或减产，年产三氧化锑不到2000t，所需产品大部分从中国进口。

第三节　欧　　盟

欧盟年消费的三氧化二锑达18000～20000t，所需三氧化二锑主要由比利时CAMPINE公司和法国的SICA公司提供，其余主要由中国提供，但欧盟为了保护自己的三氧化锑工厂，对自中国进口的三氧化二锑要征收5.5%的关税，使中国三氧化二锑在欧盟的出口量减少。

第四节 日　本

日本年消费的三氧化二锑达15000~16000t，所需三氧化二锑一部分由日本精矿株式会社、日本山中产业株式会社提供，另一部分主要从中国进口，其中日本明和株式会社每年从锡矿山闪星公司进口三氧化二锑约3000t。

第五节 中国台湾

中国台湾地区年消费的三氧化二锑约7000t，主要用于塑料阻燃和聚酯催化剂，所需产品大部分从中国大陆进口。

第六节 韩　国

韩国年消费的三氧化二锑达5000t，所需三氧化二锑主要由中国提供。

第七节 印　度

印度年消费的三氧化二锑约3000t，所需三氧化二锑也主要由中国提供。

第八节 东 南 亚

马来西亚、印度尼西亚、泰国等东南亚地区国家年消费的三氧化二锑约2000t，所需三氧化二锑也主要由中国提供。

第九节 加 拿 大

加拿大年消费的三氧化二锑约1000t，所需三氧化二锑也主要由中国提供。

第十节 其 他

俄罗斯、南美及澳大利亚等其他国家，其年消费的三氧化二锑约达2000t，所需三氧化二锑主要也由中国提供。

附 录

附录一 64种有色金属元素

64种有色金属包括：铝、镁、钾、钠、钙、锶、钡、铜、铅、锌、锡、钴、镍、锑、汞、镉、铋、金、银、铂、钌、铑、钯、锇、铱、铍、锂、铷、铯、钛、锆、铪、钒、铌、钽、钨、钼、镓、铟、铊、锗、铼、镧、铈、镨、钕、钐、铕、钆、铽、镝、钬、铒、铥、镱、镥、钇、钪、硅、硼、硒、碲、砷、钍。

有色金属又分为轻金属、重金属、稀有金属、贵金属和其他有色金属。

(1) 轻金属：7种，铝、镁、钾、钠、钙、锶、钡（其中钾、钠、钙、锶、钡5种一般为化工系统的产品）。

(2) 重金属：10种，铜、铅、锌、镍、钴、锡、锑、铋、镉、汞。

(3) 稀有金属：35种，又细分为四类：

1) 稀有轻金属4种（在稀有金属中密度最小）：锂、铍、铷、铯。

2) 稀有难熔金属8种（在金属中熔点较高）：钨、钼、钽、铌、钛、锆、铪、钒。

3）稀散金属7种（矿体生成极为分散、且多为与其他矿物共生、非经准确的全分析不易发现）：镓、铟、铊、锗、硒、碲、铼（有的分法，将铼分为难熔金属）。

4）稀土金属16种（其氧化物似土，故名）：镧、铈、镨、钕、钐、铕、钆、铽、镝、钬、铒、铥、镱、镥、钇、钪。

（4）贵金属：8种，金、银、钌、铑、钯、锇、铱、铂。

（5）其他有色金属：4种，硅、砷、硼、钍。

附录二 元素周期表

周期	ⅠA	ⅡA	ⅢB	ⅣB	ⅤB	ⅥB	ⅦB	Ⅷ			ⅠB	ⅡB	ⅢA	ⅣA	ⅤA	ⅥA	ⅦA	
1	1 H 氢 1.0079																	2 He 氦 4.0026
2	3 Li 锂 6.941	4 Be 铍 9.0122											5 B 硼 10.811	6 C 碳 12.011	7 N 氮 14.007	8 O 氧 15.999	9 F 氟 18.998	10 Ne 氖 20.17
3	11 Na 钠 22.9898	12 Mg 镁 24.305											13 Al 铝 26.982	14 Si 硅 28.085	15 P 磷 30.974	16 S 硫 32.06	17 Cl 氯 35.453	18 Ar 氩 39.94
4	19 K 钾 39.098	20 Ca 钙 40.08	21Sc 钪 44.956	22 Ti 钛 47.9	23 V 钒 50.9415	24 Cr 铬 51.996	25Mn 锰 54.938	26 Fe 铁 55.84	27 Co 钴 58.9332	28 Ni 镍 58.69	29 Cu 铜 63.54	30 Zn 锌 65.38	31 Ga 镓 69.72	32Ge 锗 72.59	33As 砷 74.9216	34 Se 硒 78.9	35 Br 溴 79.904	36 Kr 氪 83.8
5	37Rb 铷 85.467	38 Sr 锶 87.62	39 Y 钇 88.906	40 Zr 锆 91.22	41Nb 铌 92.9064	42Mo 钼 95.94	43 Tc 锝 97.99	44 Ru 钌 101.07	45 Rh 铑 102.906	46 Pd 钯 106.42	47Ag 银 107.868	48Cd 镉 112.41	49 In 铟 114.82	50 Sn 锡 118.7	51Sb 锑 121.7	52 Te 碲 127.6	53 I 碘 126.905	54 Xe 氙 131.3
6	55Cs 铯 132.905	56 Ba 钡 137.33	57–71 La-Lu 镧系	72Hf 铪 178.49	73 Ta 钽 180.947	74 W 钨 183.8	75Re 铼 186.207	76 Os 锇 190.2	77 Ir 铱 192.2	78 Pt 铂 195.08	79Au 金 196.967	80Hg 汞 200.5	81 Tl 铊 204.3	82 Pb 铅 207.2	83 Bi 铋 208.98	84 Po 钋 (209)	85 At 砹 (210)	86 Rn 氡 (222)
7	87 Fr 钫 (223)	88 Ra 镭 (226.03)	89–103 Ac-Lr 锕系	104Rf 𬬻 (261)	105Db 𬭊 (262)	106Sg 𬭳 (263)	107Bh 𬭛 (264)	108Hs 𬭶 (265)	109Mt 鿏 (268)	110 Ds 𫟼 (269)	111 Rg 𬬭 (272)	112Cn 鿔 (277)						

镧系	57 La 镧 138.905	58Ce 铈 140.12	59 Pr 镨 140.91	60Nd 钕 144.2	61Pm 钷 (147)	62Sm 钐 150.4	63 Eu 铕 151.96	64Gd 钆 157.25	65 Tb 铽 158.93	66 Dy 镝 162.5	67Ho 钬 164.93	68 Er 铒 167.2	69Tm 铥 168.934	70 Yb 镱 173.0	71 Lu 镥 174.96
锕系	89 Ac 锕 (227)	90Th 钍 232.0381	91Pa 镤 231.03588	92 U 铀 238.02891	93 Np 镎 (237)	94 Pu 钚 (239,244)	95Am 镅 (243)	96Cm 锔 (247)	97 Bk 锫 (247)	98Cf 锎 (251)	99 Es 锿 (252)	100Fm 镄 (257)	101Md 钔 (258)	102No 锘 (259)	103Lr 铹 (260)